小説で読みとく古代史

神武東遷、大悪の王、最後の女帝まで

周防 柳 Suo Yanagi

NHK出版新書
697

はじめに

歴史とは、なかなか手強いものです。一般にはA説が優勢だけれども、じつはB説が正しいかもしれない。C説、D説の可能性もある。教科書にはかくかくしかじかと書いてあるけれど、誰もが本当かなあと首をかしげている……。そんなことがあちらにもこちらにもあります。

古い時代ほど史料が乏しいので、そのぶん迷うことも多くなります。物証がないなら「仮説」で補うしかありません。その仮説を極限までふくらませ、模糊《もこ》たる靄《もや》の底に沈んでいる風景をリアルに現出させたもの——が、「小説」です。

本書ではそんな小説というものを通して、謎だらけの古代史を眺めてみようと思います。時代としては、二〜三世紀の邪馬台国《やまたいこく》のころから、八世紀の平城京《へいじょうきょう》のころまでです。

なぜそんな試みを? と、いぶかる向きもあるかもしれません。小説から歴史を探る? それでは方向が逆ではないか。小説なんてしょせん絵空事ではないか。空想妄想の産物ではないか、と。

しかし、あえて小説から眺めたいのだ、と言いましょう。空想妄想の中から浮かびあがってくる真実のようなものも、きっとあるはずだからです。

小説はフィクションではありますが、格好の思考実験の場であり、その仮説が「生身の人間の人生」としてありえたかどうかを試してみる、よきシミュレーション装置だと私は考えています。

これは意外に侮《あなど》れぬ物差しでありまして、あまりにとんでもない仮説だと、そもそも小説などは作れません。裏を返して、その小説が曲がりなりにも作品として成立しているならば、そこに描かれている仮説には一定以上の力がある、と言ってよいように思います。

じっさい、すぐれた小説ほど血のにじむような考証がなされているものです。軽妙洒《けいみょうしゃ》脱《だつ》なエンターテインメントにみえるものでも、裏側には凄まじい理論武装が張りめぐらされていたりします。

よくできた小説を読むと、なるほどこれが真相かもしれぬという気持ちにさせられます。あるいは、真実とまでは思わなくとも、上手に騙《だま》してくれてありがとう、と感謝したくなります。

ときおり「おもしろければなんでもいい」という言い方がなされることがあります。私もそのとおりだと思います。けれども、それは「なにを言ってもよい」という意味ではなく、「そのおもしろさには理由《わけ》がある」という意味に使いたいと思います。

さて、前置きはこのくらいにして、本書で取りあげる作品についてじゃっかん決めごとをしておきます。

一口に古代史小説といっても、正統派の大河ドラマのような作品から、文芸色の濃い作品、長編、短編、ファンタジー、SF、さらにはライトノベルの転生《てんしょう》ものまで、裾野は膨大です。あまり風呂敷を広げすぎると、収拾がつかなくなるおそれがあります。よって、このたびは歴史の問題を強く意識している中編以上の創作に絞らせていただきます。新旧にはこだわりません。趣旨が明らかならミステリーもOK、小説的な読み味を持っているなら漫画作品もOKといたします。

学術書とは違う意外な目のつけ所を教えてくれるのが小説です。新鮮な切り口や発想をできるだけ多く紹介したいと思います。当然ながら小説は取りつきもよいので、古代史は敷居が高いと敬遠されてきた方の入り口としても、楽しんでいただけるのではないかと期待します。

読者のみなさんがご自身なりに仮説を立てたり、シミュレーションしてみたりする、よきっかけとなりますように。

末筆となりましたが、私の一方的な思い入れにより、お断りもせず作品を取りあげさせていただいた筆者の方々に、御礼とお詫びを申しあげます。たくさんの示唆とヒントをいただき、まことにありがとうございます。

そして、本書の連載と新書化の機会をくださったNHK出版の加藤剛さんに、心より感謝申しあげます。

二〇二三年三月

周防　柳

小説で読みとく古代史――神武東遷、大悪の王、最後の女帝まで　目次

第一章　邪馬台国は二つあったか

――大和と筑紫の女王卑弥呼

『魏志倭人伝』に書かれた倭国

最初のテーマは邪馬台国《やまたいこく》と、その女王卑弥呼《ひみこ》です。

そもそもわれわれがこの日本の黎明《れいめい》期に邪馬台国というクニが存在していたことを知ったのは、中国の歴史書である『魏志倭人伝《ぎしわじんでん》』によっています。

『魏志倭人伝』とは、有名な『三国志《さんごくし》』（魏《ぎ》、呉《ご》、蜀《しょく》の歴史）の一部で、正しくは、『三国志』のうちの「魏書《ぎしょ》」の「烏丸鮮卑東夷伝《うがんせんびとういでん》」の「倭人《わじん》」の条といいます。が、あまりにも長いので省略して『魏志倭人伝』と呼んでいるのです。

中国では王朝が交代すると、新たな王朝が前の王朝の事績を記すのがならわしなので、魏、呉、蜀の三国を統一して帝国を打ち立てた晋《しん》（西晋《せいしん》）によって、三世紀末ごろに編纂《へんさん》されました。撰者は文筆官僚の陳寿《ちんじゅ》です。

卑弥呼が生きたのは二世紀後半から三世紀の前半にかけてで、『三国志』の時代とぴったり重なります。卑弥呼は三国のうち、洛陽《らくよう》に都を置く魏に朝貢《ちょうこう》の使者を送り、向こうからも答礼使《とうれいし》がやってきて、海をまたいだ往来が数度にわたりました。このため、倭人（日本人）に関する情報があちらにかなり詳しく伝わったのです。

その『魏志倭人伝』に、邪馬台国はどのように記されているのでしょうか。これから紹介する小説すべてにかかわりますので、要約を先に記します。便宜《べんぎ》的に内容の順序は原典とは変えています。

・倭人は帯方郡《たいほうぐん》（朝鮮半島の中西部に置かれていた魏の直轄領）の東南の海の向こうに住んでいる。かつては百以上のクニがあり、前王朝の漢に来朝した者もあった。
・卑弥呼の都のある邪馬台国（原典＝邪馬壱《いち》〔壹〕国）までは、帯方郡から一万二千里余りである。
・卑弥呼は鬼道《きどう》を巧みに操り、人心収攬《しゅうらん》の術に長《た》けている。かつては男の王が統治していたが、七、八十年ほども戦乱が続いた。そこで卑弥呼が女王として立つと平和が訪れた。目下は邪馬台国より北の三十ほどのクニがその傘下に集《つど》っている。
・卑弥呼は壮年にして夫がいない。弟がおり、卑弥呼の統治を手助けしている。卑弥呼の身のまわりには女ばかり千人も仕えていて、一人だけ居室に出入りできる男がいる。
・伊都国《いとこく》には対外交易のための施設（迎賓館《げいひんかん》のようなものか）が置かれている。
・邪馬台国の南には狗奴国《くなこく》があり、卑弥呼と敵対関係にある。その王の名は卑弥弓呼《ひみくこ》・

（あるいは卑弥弓呼素《ひみくこそ》）という。また、狗古智卑狗《くこちひく》という名の部将がいる。
・景初二年（二三八）、卑弥呼は難升米《なしめ》、都市牛利《つしごり》を使節として魏に派遣し、生口《せいこう》（奴隷）十人を捧げ、返礼として皇帝から「親魏倭王《しんぎわおう》」の金印、銅鏡百枚、錦《にしき》、金、鉛丹《えんたん》などをもらった。正始四年（二四三）にも、卑弥呼は使者掖邪狗《えきやく》らを魏へ遣わした。
・正始八年（二四七）、不仲だった狗奴国との対立が激しくなったため、卑弥呼は帯方郡に窮状を訴えた。帯方郡から使者がやってきたが、その到着を待たず卑弥呼は死去した。
・卑弥呼の死後、径百余歩《けいひゃくよぶ》の大きな塚（墳墓《ふんぼ》）が作られ、百余人の奴婢《ぬひ》が殉死《じゅんし》した。その後、男王が位についたが、再び国が乱れたので、宗女《そうじょ》（同族の娘）である十三歳の台与《とよ》（原典＝壱《い》［壹］与《よ》）が立つと収まった。

ざっと、以上のようなところです。

その他にも、衣食住の風俗や生活習慣などがこと細かに描かれています。もちろん、これらのすべてが正しいわけではないでしょう。むしろ、種々の矛盾を含んだままいたずらに詳細に記されているため、われわれの悩みが増えているところもあるのです。

　その最たるものが邪馬台国の位置です。もっとも肝心のその点が判然としないため、いまに至るも解決のつかぬ論争となっているわけです。

誤りは「方角」か、「距離」か

　帯方郡から邪馬台国への道のりを、『魏志倭人伝』は次のように記しています。

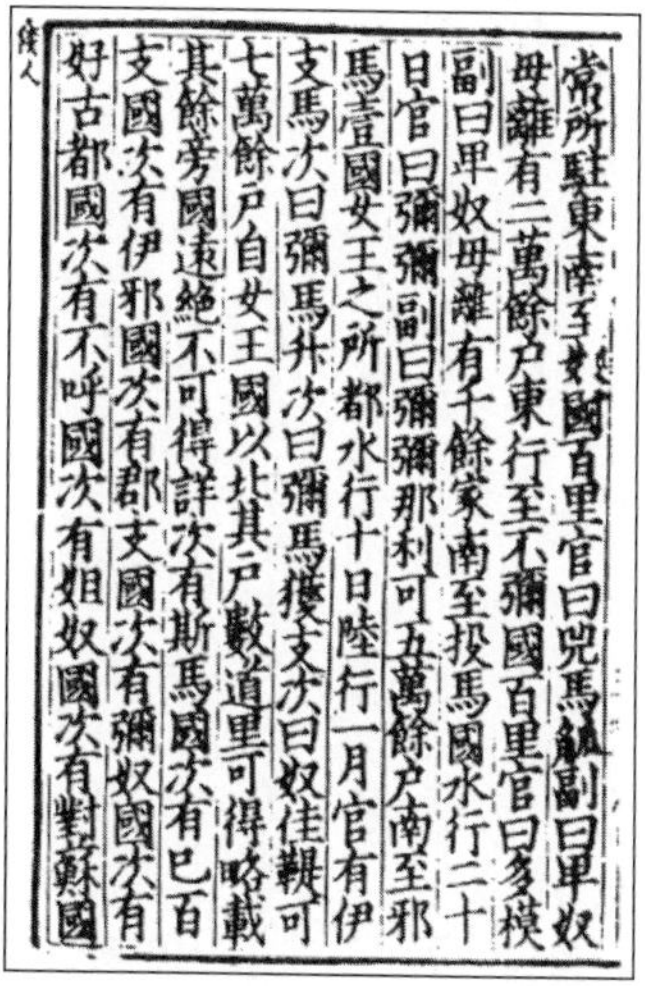
常所駐東南至奴國百里官曰兕馬觚副曰卑奴
母離有二萬餘戸東行至不彌國百里官曰多模
副曰卑奴母離有千餘家南至投馬國水行二十
日官曰彌彌副曰彌彌那利可五萬餘戸南至邪
馬壹國女王之所都水行十日陸行一月官有伊
支馬次曰彌馬升次曰彌馬獲支次曰奴佳鞮可
七萬餘戸自女王國以北其戸數道里可得略載
其餘旁國遠絕不可得詳次有斯馬國次有已百
支國次有伊邪國次有郡支國次有彌奴國次有
好古都國次有不呼國次有姐奴國次有對蘇國
倭人

『魏志倭人伝』より「邪馬台国」記載部分

　帯方郡→（朝鮮半島の海岸沿いを水行し、韓土を南、あるいは東へ七千余里）→狗邪《くや》韓国《かんこく》→（海を千余里）→対馬国《つしまこく》→（瀚海《かんかい》を南へ千余里）→一大国《いちだいこく》→（海を千余里）→末盧《まつら》国《こく》→（東南へ陸行五百里）→伊都国《いとこく》→（東南へ百里）→奴国《なこく》→（東へ百里）→不弥国《ふみこく》→（南へ水行二十日）→投馬国《つまこく》→（南へ水行十日、陸行一月）→邪馬台国。

狗邪韓国とは朝鮮半島南端の、現在の釜山《プサン》あたりで、一帯は伽耶《かや》、または加羅《から》と呼ばれていました。一大国は現在の壱岐《いき》、末盧国は佐賀県の松浦半島、伊都国は福岡県の糸島半島、奴国は福岡県の博多付近、不弥国は博多の東方の糟屋《かすや》郡宇美《うみ》町のあたり――と、そのあたりまでは、まあまあ推定が一致しています。ところが、そこから先の意見が分かれます。不弥国から南へ、南へ、水行二十日だの陸行一月だのしていたら、はるか南洋の琉《りゅう》球《きゅう》あたりに突き抜けてしまいます。

『魏志倭人伝』が注目されはじめた当初は、当然ながら邪馬台国は大和朝廷の前身と考えられました。たとえば江戸時代の新井白石《あらいはくせき》は投馬国を鞆《とも》（岡山県）か須磨《すま》（兵庫県）とみなし、瀬戸内海を何十日かかけて航海したと推測しました。となると、不弥国から先は「南」ではなく「東」でなくてはならず、『魏志倭人伝』は方角を間違っていることになります。

その後、邪馬台国は大和ではなく九州だとする意見が登場しました。最初に唱えたのは本居宣長《もとおりのりなが》です。この場合は方向よりも距離が問題で、宣長は「陸行一月」は「一日」の誤りだろうと主張しました。宣長は投馬は日向《ひゅうが》（宮崎県）の都萬《つま》、すなわち西都原《さいとばる》のあたり

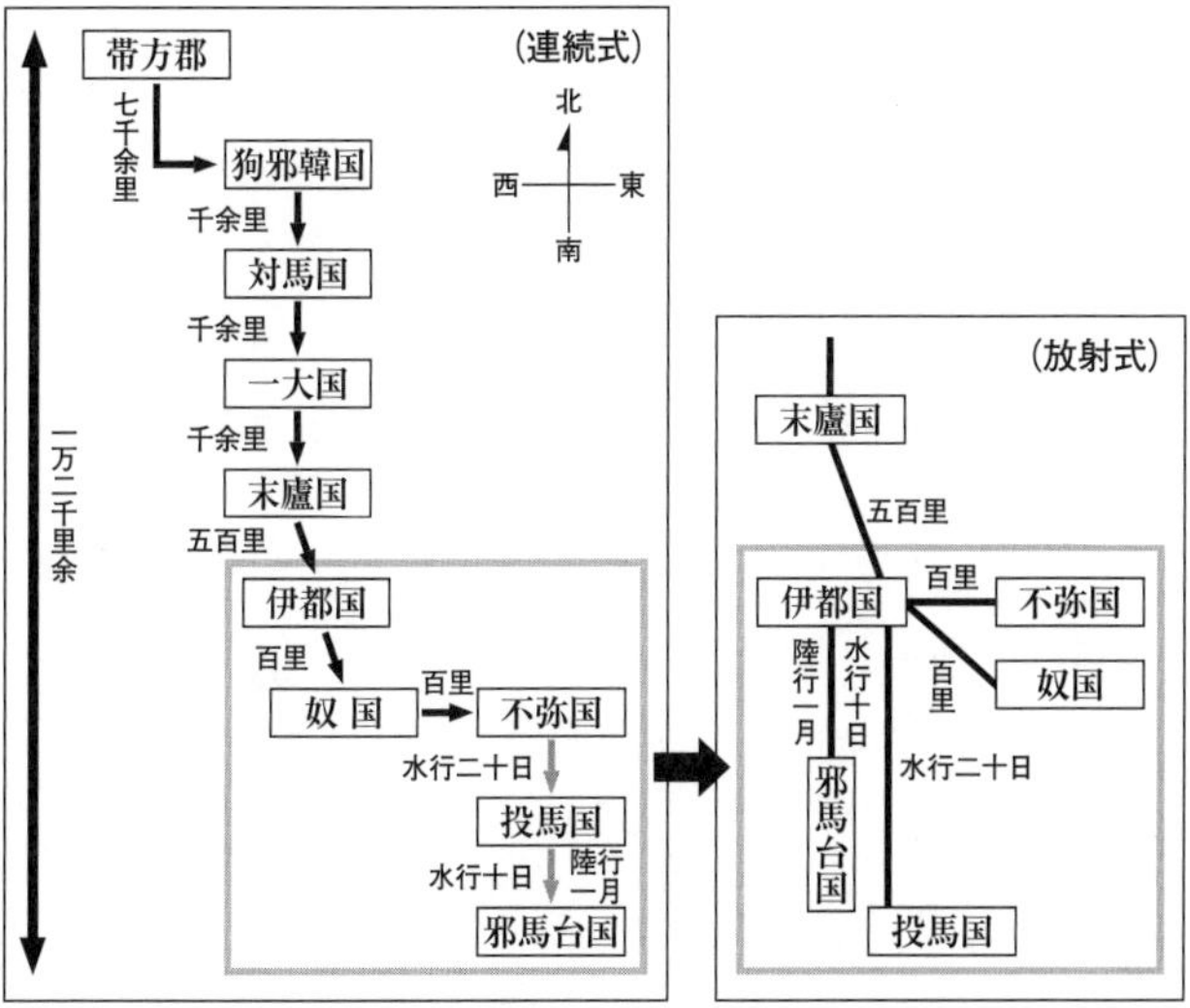

図1-1　邪馬台国への道のり

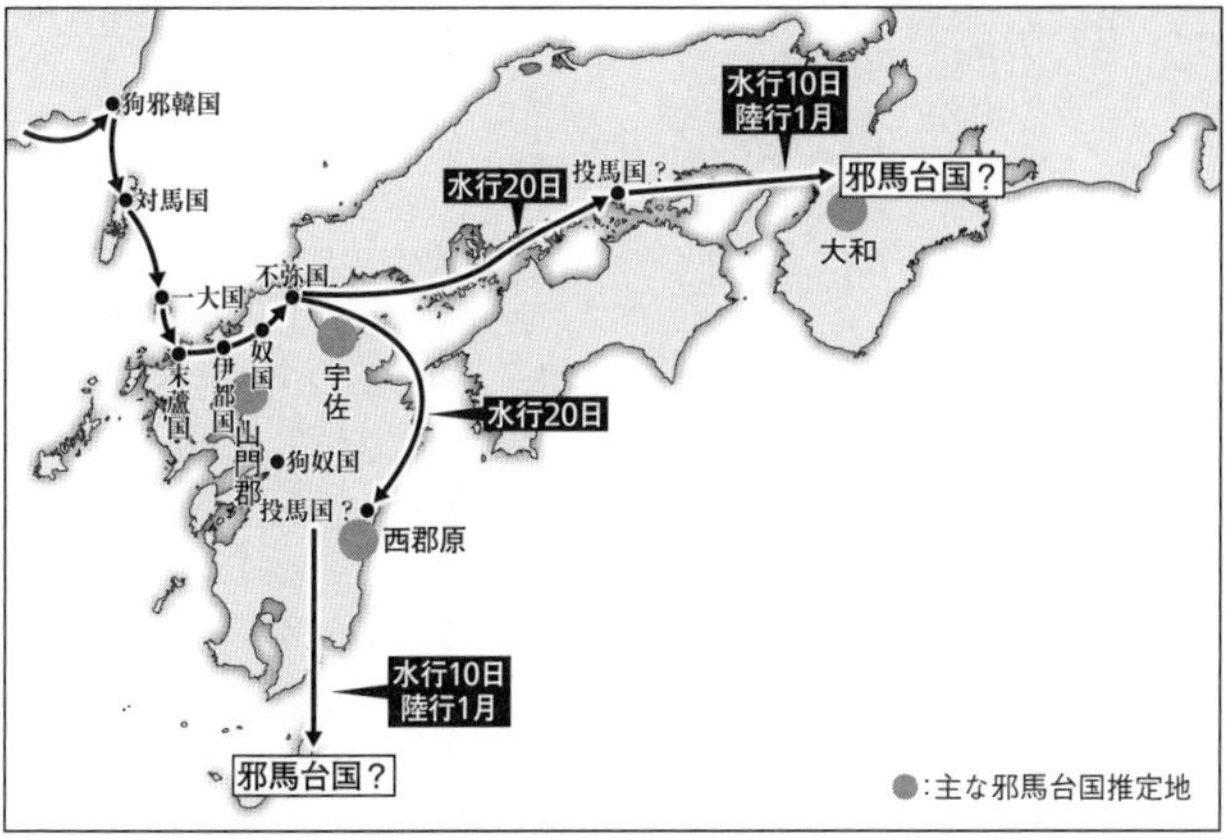

図1-2　邪馬台国九州説と畿内説(連続式)

と推定しました。

　論争は明治以降、京都大学（畿内派）、東京大学（九州派）に分かれて争われるようになるのですが、画期となったのは、東大教授の榎一雄《えのきかずお》氏の解釈でした。榎氏はそれまで全行程が連続的に読まれていたのを見直し、交易施設のある伊都国を一つの到着点とし、それ以降は伊都国からの分岐と考えました。「放射式」といわれる読み方です。

　加えて、「水行十日、陸行一月」という文章を、「水行ならば十日、陸行ならば一月」という意味に解しました。これにより、邪馬台国は原文を変更せずにようやく九州内に収まることになりました。

　九州説の中でも候補地として最有力視されたのは筑後《ちくご》国山門《やまと》郡、つまり有明海に注ぐ筑後川の流域です。なぜならこの一帯は九州でももっとも広大肥沃《こうだいひよく》な筑紫《つくし》平野で、北に同盟諸国があり、南に敵対している狗奴国（熊襲《くまそ》と考えられる）があると述べる『魏志倭人伝』の内容と一致するからです。流域には吉野ヶ里《よしのがり》をはじめとする大きな遺跡もあります。

　とはいえ、伊都国から水行十日、陸行一月という条件に合うかとなるとそうともいえず、やはり不自然さは残ります。

　以上のようなことは、『魏志倭人伝』からいえることですが、考古学調査から判明したこともいくつかあります。

まず、畿内派の強みはなんといっても最有力候補の纒向《まきむく》遺跡に卑弥呼の墓と目される箸墓《はし はか》古墳があることです。全長は約二百八十メートルで、後円部の大きさは『魏志』に書かれている径百余歩《けいひゃくよぶ》、すなわち約百五十メートルとぴったりです。築造年代もかつては四世紀とされていたのですが、近年は卑弥呼の没年（二四八年）に近い三世紀半ばごろともいわれはじめました。

纒向遺跡全体の活動期間は、二世紀末〜四世紀半ばと推定されています。俗に「卑弥呼の鏡」と呼ばれる三角縁神獣鏡《さんかくぶちしんじゅうきょう》（魏の皇帝から卑弥呼に返礼されたと推測される「景初三年」の銘を持つ鏡が存在する）が畿内一帯から多く出土していることも、畿内派にとってはプラスの材料です。

一方の九州のほうは朝鮮半島に近いので、国際的な先進性は言うまでもありません。三世紀ごろの遺跡のあちらこちらから、きらびやかな舶載品《はくさいひん》がざくざくと出ます。とくに、武器としても農耕具としても貴重だった鉄製品の出土は畿内の比でなく豊富です。当時の倭国では鉄の原料が見つかっておらず、半島から盛んに輸入していたと『魏志倭人伝』にありますので、この点も有利です。

しかし、九州には肝心の卑弥呼の墓らしきものがありません。また、外来の要素を除くと、土器などはむしろ畿内のほうに文化的成熟が強くみられたりするので、単純には優劣は判じにくいのです。

最大の決め手となるであろうものは「親魏倭王」の金印ですが、それも見つかっておらず、結局、現在に至るも決定打はないのが実情です。

説明が長くなりました。では、邪馬台国を舞台とした小説たちを見ていきましょう。

魏使に応対した通訳たち

最初にあげますのは、帚木蓬生《ははきぎほうせい》さんの『日御子《ひみこ》』です。

タイトルからすると女王卑弥呼（本作では日御子）が主人公のようですが、さにあらず、主人公は筑紫《つくし》の王たちの使譯《しえき》（通訳）をつとめた「あずみの一族」です。

あずみ氏（阿曇氏、安曇氏）といえば古代の海で活躍した海人《あま》族を思い浮かべる方も多いでしょう。けれど、本作のあずみ氏は漢の時代に江南《こうなん》地方（揚子江《ようすこう》の南のあたり）から渡ってきて、言葉の能力をなりわいとして生きた人々です。「あずみ」という名は、大陸から「東《あずま》」の方角を目指してきたことに由来するようです。

物語は志賀島《しかのしま》の金印で有名な奴国（本作では那国）に仕えた灰《かい》から始まり、伊都国の使譯となった針《しん》、邪馬台国（本作では弥摩大国）に仕えた炎女《えんめ》、女王の死後、壱与《いよ》のもとで晋との交渉にかかわった銘《めい》や浴《よく》まで、九代にわたります。

通訳というのは舞台上の演者を袖《そで》から眺めるポジションですから、客観的な時代の証言者となりえます。一族の物語は二百年にもわたり、おのずから卑弥呼の前後の歴史や大陸の情勢も俯瞰《ふかん》することになります。この設定が素晴らしく、彼ら一族のまなこを定点に据えた時点で、邪馬台国小説としてすでに一本お取りになったなと感じました。

帚木蓬生『日御子』（講談社文庫）

本作では「邪馬台国→弥摩大国」「奴国→那国」「狗奴国→求奈国」「不弥国→宇美国」「卑弥呼→日御子」といった具合に、『魏志倭人伝』の記述とはことごとく異なる文字が当てられています。『魏志』の書中で使われている国名や人名表記は、向こうの人々の「中華思想」（中国のみが崇高な帝国で、周辺諸国はすべて野蛮人であるという考え）にもとづく卑字なので、帚木さんがすべて良字に改められたのです。当時の日本には文字の文化はありませんでしたが、もし漢字に知悉《ちしつ》した人間がいて、みずから音に字を当てはめたなら、たしかにこうだったかもしれません。使譯を主人公とする物語ならではのこだわりどころです。

本作の弥摩大国は御井《みい》（現在の久留米市）に設定され、王宮は高良山《こうらさん》にあります。北に筑紫の脊振山《せぶりやま》、西に豊《とよ》の国（大分県）、東に有明海を控え、防衛にも適した立地です。豊かな水に恵まれ、肥沃《ひよく》な河口平野が広がり、北部九州の中でもひときわ生産性が高そうです。

そんな国の王女として生まれた日御子は並みはずれた聡明さに恵まれていたため、弟王子をさしおいて父王から位を譲られました。「日御子」とは、美しい日の出とともに誕生したことにあやかってつけられた名前です。

二世紀ごろの日本は「倭国大乱《わこくたいらん》」といわれ、有象無象《うぞうむぞう》のクニグニが絶え間なく離合集散を繰り返す戦国時代でした。無益ないくさを憂えた日御子は知恵を絞って周辺国に同盟を呼びかけ、平和的な連合を作りあげます。本作の日御子は超人的なカリスマというより、理性的なリーダーといった趣《おもむき》です。

また、大きな読みどころは、使譯が主人公であるため、おのずと例の『魏志倭人伝』の種明かしがなされる点です。

文献学の世界では、魏からの使節は伊都国にとどまり、そこから先へは行かなかったという見方が強いです。松本清張《まつもとせいちょう》さんなどがこの論を展開されており、『魏志倭人伝』の数字は陰陽五行説《いんようごぎょうせつ》にもとづく実態をともなわぬ「虚数《きょすう》」であるから、旅程に記された距離や日数にこだわる必要はないと主張しています。

しかし、本作は反対です。使節らは意欲満々で、異国の地を隅々まで経《へ》めぐります。羊《よう》皮紙《ひし》の白地図を持参し、小島の距離をこまごまと測り、実測図を作成しつつ進みます。彼らの目的は倭国の朝貢に対する返礼などではなく、周辺国の内情の探査であり、戦略的な情報収集であったというのが帚木さんの解釈です。

むろん、弥摩大国にもやってきます。王宮で執り行われる儀式、日御子にかしづくたくさんの巫女《みこ》たち、日御子が鏡を好んでいること等々、あらゆるものごとに関心を示します。なにしろ倭国は祖国では例のない「女王」の国なのです。見るもの聞くものすべてに興味津々となって当然でしょう。使節と使譯の質疑応答の中に、なるほどこのようなやりとりがなされたために『魏志倭人伝』にはかく記されたか、とうなずかされる箇所がたくさんあります。

一行の歩んだ道筋も、注目したいポイントです。『魏志倭人伝』によれば、伊都国から邪馬台国への距離は水行十日、または陸行一月です（放射読みの場合）。本作の弥摩大国は久留米付近なので、一見、時間がかかりすぎのようにも思えます。しかし、このあたりも巧みに処理されます。

まずは、遠国からやってきた使節をいかに安全に自領までみちびくか議論が重ねられます。西の五島《ごとう》の海のほうを大きく迂回《うかい》するのがよいか、山路を峠越えして近道をとるのがよいか、はたまた河川をさかのぼるルートが無難なのか。運ぶべき荷の量、行軍の人数、道中の険しさ、敵対国からの襲撃のおそれなどが考慮された末に、河川のコースが選ばれます。かくして、御笠川《みかさがわ》と宝満川《ほうまんがわ》を伝って筑後川へ至る道のりが描かれるのです。

一行は真一文字に目的地を目指すのではなく、要所要所で宿泊し、綿密に調査を行いながら進んでいきます。このような行程であったならば、単純計算で想像する何倍もの時間がかかっても不自然ではありません。

こうしたところの想像力が小説というものの真骨頂で、料理の腕のふるいどころであろうと感じます。

帚木さんが九州の出身ということもあるのでしょうか、目の前に展開していく地形や風景もリアルです。

地図などを用意して引き比べつつ読むと、より楽しくなる作品だと思います。

ハードボイルドな騎馬民族の女王

正統派の女王として描かれた卑弥呼の次は、思いきり反対側に振り切った卑弥呼に登場いただきましょう。豊田有恒《とよたありつね》さんの『倭《わ》の女王《じょおう》・卑弥呼《ひみこ》』と、続編の『親魏倭王《しんぎわおう》・卑弥《ひみ》呼《こ》』です。

古代史小説のキャラクターの中でも、卑弥呼はかなり自由に人物造形されている印象ですが、豊田さんの卑弥呼は出色《しゅっしょく》で、父親は北方の騎馬民族、母親は漢民族、しかも魏の曹操《そうそう》の娘という尖《とが》った設定です。

豊田さんはこの二つの要素を二部作のそれぞれに割り振り、第一部では父親から受け継いだ戦闘的な血をキーワードとし、第二部では母方の中華王朝への憧憬《しょうけい》をキーワードとしました。

では、第一部の『倭の女王・卑弥呼』からいきましょう。

まず騎馬民族とはなにかといいますと、朝鮮半島の北部から旧満州方面にかけて広く存在した、遊牧をなりわいとする非定住性の人々です。一九六〇年代に考古学者の江上波《えがみなみ》夫《お》氏が、いわゆる「騎馬民族征服王朝説」を発表され、四、五世紀に日本に渡ってきた彼らが大和王権を打ち立てたと提唱しました。

より詳細には、四世紀初めごろに騎馬民族の扶余《ふよ》族（高句麗《こうくり》や百済《くだら》の祖とされる）が半島南部の任那《みまな》（伽耶）から筑紫に渡ってきて王朝を樹立し、四世紀末〜五世紀初にさらに畿内に遷《うつ》り、また新たな王朝を立てたと考えました。前者の王を十代崇神《すじん》天皇、後者の王を十五代応神《おうじん》天皇に比定し、応神天皇の畿内への移動が神話にいうところの「神武東遷《じんむとうせん》」に当たるとされました。

この説は一時学会を席巻《せっけん》したのですが、その後各方面から反証がなされ、いまではそのまま容認する声は少なくなっています。しかし、大枠としては賛同できることも多く、いろいろな点で参考になると感じます。

本作においても、江上説がそのまま使われているわけではなく、年代的にもプレ騎馬民

豊田有恒『倭の女王・卑弥呼』（徳間文庫）

族征服説とでも言うべきなのですが、ともあれ、卑弥呼の不羈奔放《ふきほんぽう》な行状《ぎょうじょう》がいちいち騎馬民族の行動原理から説かれるのがユニークで、またなかなかの説得力を持っているのです。

物語は卑弥呼の家族がある日、叔父の一派に襲われ、弟と二人きりで残されるところから始まります。

卑弥呼の父の若卑狗《わかひく》は扶余族の流れを汲む濊《わい》族の王の子で、騎馬民の中でも不耐濊《ふたいえ》と呼ばれる、とくに戦闘的な集団です。彼らは朝鮮半島を渡り歩き、韓人社会に寄生して生きてきました。

当時の朝鮮半島には、馬韓《ばかん》、弁韓《べんかん》、辰韓《しんかん》という三つの地域があり、弁韓の南端の伽耶（加羅）は倭人と韓人の共生地帯になっていました。卑弥呼は三歳までそこで育ち、のち、父の若卑狗たちと筑紫へ渡ってきたのです。

若卑狗たちは圧倒的な武力をもって北部九州を支配し、一家は奴国に拠点を置くのですが、卑弥呼が十一歳のとき、韓土に残っていた叔父が王家の跡目を奪うため奇襲をかけてきました。これにより、倭国の各地に散っていた一党は壊滅し、卑弥呼もみなしごとなったのです。

しかし、卑弥呼はくじけません。片手に父の形見の真鉄《まがね》の剣《つるぎ》、片手に幼い弟の手を引き、美貌と強運とハッタリをもって、捲土重来《けんどちょうらい》の旅に出ます。

誇り高き騎馬民族の娘である卑弥呼は、倭国土着の農耕民の〝土掘《つちほ》り〟たちを馬鹿にしきっているのですが、時と場合によっては二枚舌を弄《ろう》して彼らのふところに潜り込みます。そして、用済みとなれば容赦なく切り捨てます。騎馬民族には義理だの人情だのという言葉はないのです。

冷酷無比の闘争本能と、顔にまっ赤な丹《に》を塗ったパフォーマンスによって勝ちあがり、やがて三十国を束ねる女王になります。

本作の卑弥呼はかなり淫猥《いんわい》でもあり、そこがまた魅力です。衝動に任せて男を食らい、交尾が終われば雌《めす》カマキリよろしく命を奪います。のちに国政の片腕となる弟とも近親相姦《はらからたわけ》の関係にあります。『魏志倭人伝』には、卑弥呼には「夫なし」とありますが、この小説においては、「決まった夫なし」の意味なのです。

男子禁制でないならば子を生むこともできるわけで、この卑弥呼には珍しく息子がいます。若き日に肉体に溺れ、のちに命を奪った恋人の子なのですが、いくさの中で生き別れになり、成人したのちに再会するも、わが子と知らず殺してしまいます。この子には一粒種の娘がおり、やがて跡継ぎの壱与《いよ》となります。

加えて目を惹かれるのは、邪馬台国という国は、九州にはもともとなかったという設定です。たしかに卑弥呼は外来の侵略者なので、本貫《ほんがん》みたいなものがあったらむしろ矛盾です。攻略した土地から土地へと渡り歩くのが当然でありましょう。

よって、本作の卑弥呼は戦いを重ねて筑後川の中流域をほぼ手中におさめたとき、初めて獲得した領土に「邪馬台《やまたい》」という名をつけるのですが、その名がどこからひねり出されたかというと、東のほうにあるという「倭面土《やまと》」なる国なのです。その国がめっぽう強いという噂を聞き、その名を詐《かた》ったのです。「ヤマタイ」は「ヤマト」の転訛《なまり》です。本拠は女山《ぞやま》（福岡県みやま市）に築きます。

小説中にはそれ以上踏み込んだ言及はないのですが、豊田さんは畿内と九州の両方に邪馬台国のようなものを想定していて、最終的になんらかの形で絡ませようとしていたのではないかと想像します。私もときどきそれに類することを想像するので、豊田さんがどのような構想をお持ちだったのかとても気になります。

卑弥呼、朝鮮半島を駆けめぐる

続いて第二部の『親魏倭王・卑弥呼』です。

第二部は、連合国としてまとまった邪馬台国が、南の狗奴国《くなこく》と敵対するところから始まります。

狗奴国とは現在の熊本県のあたりと考えられていて、いわゆる熊襲《くまそ》の国です。阿蘇《あそ》をはじめとする過酷な山岳環境に生きる民なので、肉体も強靭なら、思想も苛烈でいくさも強いのです。

ある日、邪馬台国は南方の村を狗奴国に襲われ、手痛い敗北を喫します。卑弥呼は激怒し、なにがなんでも復讐すると息巻きます。このとき狗奴国の若い頭領の狗古智卑狗《くこちひく》が生け捕りにされるのですが、卑弥呼は彼を拘束していたぶっているうちに気に入り、男妾《おとこめかけ》にします。

卑弥呼は徹底的に自軍を増強しようと決意し、そのために必要なものは鉄と馬だと考えました。そして、みずから五百人の部隊を率いて朝鮮半島に遠征するのです。

えっ、卑弥呼、海を渡る?——と、私もこの展開にはびっくりしましたが、豊田さんにとって本作はＳＦなのです。

ここから先、卑弥呼の旅はどんどん破天荒になっていきます。対馬ではジュール・ヴェルヌばりに巨大な怪魚と戦い、続いて韓土南端の伽耶へ至り、良質な鉄を産することで知られる谷那《こくな》の鉄山《かなやま》を目指すのですが、途中で気まぐれを起こし、辰韓の斯盧《しろ》（のちの新羅《しらぎ》）へ行く先を変更します。辰韓では、帯方郡から公孫《こうそん》氏の手下が郡使としてやってきたのとたまさか出会い、また気を変え、ともに帯方郡に向かうことにします。

朝鮮半島の中西部の帯方郡は、もともと半島の動きを監視するため漢帝国が設けた楽浪郡という直轄領だったのですが、漢の衰退とともに遼東半島の豪族の公孫氏が奪い取り、その後、領域の南部を分かって帯方郡という行政区を新たにもうけました。楽浪、帯方の二郡を領有した公孫氏は、これを取り返そうとする魏と鋭く対立し、卑弥呼が半島に渡ったとき、両者はまさに一触即発の様相を呈していました。卑弥呼と出会った帯方郡使は戦いに備えるため、半島内を駆けめぐって兵を集めていたのです。

豊田有恒『親魏倭王・卑弥呼』
（徳間文庫）

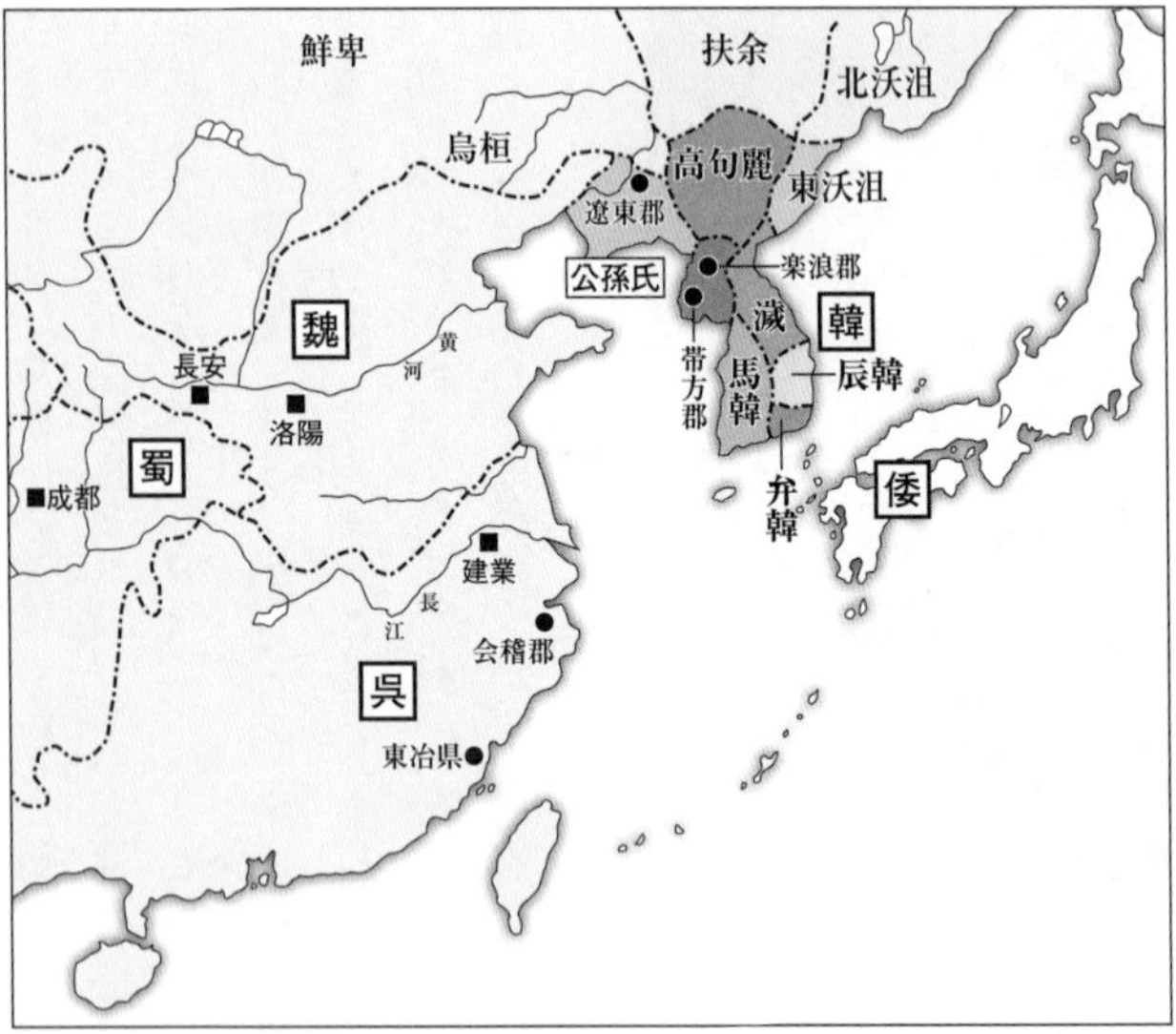

図1-3　3世紀前半の東アジア

それを知った卑弥呼は、倭国から軍を呼び寄せ、加勢してやろうと彼に持ちかけます。しかし、そんなことは口から出まかせで、成りあがりの公孫氏に与《くみ》する気など、卑弥呼にははなからありません。まるきり逆に、彼らが敵対する魏のほうに熱いまなざしを向けていたのです。なぜなら、卑弥呼の母はかの英雄、曹操の娘なのですから。

四十年ほど前、曹操は公孫氏を手なずけるため、自分の娘を人質として楽浪へ送り込みました。そのときたまたま当地を荒らしていた濊《わい》族の若卑狗《わかひく》が彼女を見初め、横から攫《さら》って妻にしました。こうして生まれたのが卑弥呼だったのです。

卑弥呼も若き日は父方の騎馬民族の血を誇りとしていたのですが、年を経るほどに母方の血のほうを慕わしく感じるようになりました。そして、久方ぶりに大陸の土を踏み、遥かな空を見上げたとき、ぜひともおのれも世界の覇者たる中華の列に連なりたいと、烈《はげ》しい衝動に突き動かされたのです。

卑弥呼は魏に内通し、公孫氏の情報を垂れ込んでやろうともくろみます。これによって点数を稼ぎ、ゆくゆくは魏と結んで韓半島に返り咲かんとする魂胆でした。

卑弥呼は手下の南正毎《なんしょうまい》と牛利《ごり》を使者に命じ、十人の従者をつけ、魏に向かわせます。

——と、ここまで述べたら、カンのよい方はもうお気づきかもしれません。

そうです。本作の卑弥呼が韓土を駆けめぐったこの年は、景初二年（二三八）なのです。『魏志倭人伝』には、邪馬台国の女王卑弥呼は景初二年に難升米、都市牛利を魏に遣わしたと書いてあります。ところが、これは景初三年（二三九）の誤りとされ、現在の教科書や学習参考書の多くがそのように改めています。私自身、学生のころ「文来《239》るか、卑弥呼、魏に期待する」と覚えたものです。

なぜかというと、この年の朝鮮半島は魏と公孫氏のいくさで大混乱だったはずだから、倭国が使者など出せたはずがないというのが主な理由です。公孫氏はその年のうちに魏の将軍司馬懿《しばい》に滅ぼされ、魏の皇帝も病死により曹叡《そうえい》から曹芳《そうほう》へ代替わりしますので、使者が出立したのは翌年だろうというわけです。

これに対して、豊田さんはいやいやそうではない、卑弥呼の使者が向かったのは景初二年のままでよいのだとして、壮大なシナリオを夢想されたのです。

たしかに景初二年説にも一理あり、『魏志倭人伝』によると、このときの卑弥呼が用意した貢ぎものは生口《せいこう》たった十人なのです。大国の魏に対して、これはあまりにお粗末ですが、戦時だったとすれば納得できます。

加えて、そのみすぼらしい献上品に対する皇帝からのお返しが、とてつもなくみごとなのです。「親魏倭王」の金印をはじめとして、銅鏡百枚、錦《にしき》、白絹《しらぎぬ》、金、真珠、鉛丹《えんたん》など、破格の品々が下賜《かし》されています。してみると、皇帝はやはり卑弥呼の使者が命の危険も顧みずはるばる朝貢してきたことをよろこんだのかもしれぬと考えたくなります。

というわけで、筆者ははちゃめちゃな冒険活劇を装いながら、大きな歴史の謎を一つストン、とひっくり返してくれました。こういう予想の裏切られ方はじつに愉快です。

さて、南正毎らを魏に送り出したのち、卑弥呼は目的どおり大量の鉄と馬を手に入れ、さらに憎い叔父も討って父親の復讐を果たし、意気揚々と邪馬台国に凱旋《がいせん》します。ところが、最後に思わぬどんでん返しを食らいます。

捕虜から卑弥呼の恋人となってつき従っていた狗古智比狗が裏切るのです。苦労して手に入れた鉄と馬も持ち逃げします。そして、故郷の狗奴国に戻り、「卑弥弓呼素《ひみくこそ》」という、卑弥呼をおちょくった名乗りをぶちあげるのです。すなわち、ヒミコの「ヒミ」、プラス「ククチヒク」の「クコ」、プラス「クマソ」の「ソ」。

『魏志倭人伝』を読まれると、おそらく多くの方が卑弥呼とライバル狗奴国の卑弥弓呼（卑弥弓呼素）の名前が似ていることを不審に感じると思うのですが、豊田さんはこんなところまで辻褄合わせをしてくれました。これも作家のサービス精神です。

本作は第二部で完結ですが、もともとは卑弥呼の後継者の壱与を主人公とした第三部が書かれる予定だったそうです。諸事情により中止になったようなのですが、もし書かれていたら、この先の展開はああだったか、こうだったかと興味は尽きません。

宮内庁が守るパンドラの箱

邪馬台国九州説が続きましたので、畿内説にいきましょう。趣向もがらりと変えまし

内田康夫『箸墓幻想』（角川文庫）

て、内田康夫《うちだやすお》さんのミステリー、『箸墓幻想《はしはかげんそう》』です。

　内田さんといえば、ルポライターにしてアマチュア探偵の浅見光彦《あさみみつひこ》のシリーズでおなじみです。この光彦氏が、今回は邪馬台国の候補地である纒向《まきむく》遺跡で殺人事件の解決に奔走するのです。

　纒向遺跡とは、奈良盆地東南部の三輪山《みわやま》の裾野に位置し、東西約二キロ、南北約二キロの広大なエリアに、多数の前方後円墳、祭祀施設、倉庫、水路、金属の加工場跡などが集中している都市遺跡です。

　なかでも三輪山の南西麓に横たわる箸墓古墳は全長約二百八十メートル、二重の周濠《しゅうごう》を備え、大型の前方後円墳としては日本最古です。被葬者は『日本書紀』によると七代孝《こう》霊《れい》天皇の息女、倭迹迹日百襲姫《やまとととびももそひめ》（三輪山のオオモノヌシ神との神婚の伝説があります）といいますが、規模からすると大王墓の可能性が高く、かねてから卑弥呼の墓ではないかと目されてきました。後円部の寸法が『魏志倭人伝』に記されている百余歩と一致することは、先にも述べたとおりです。

じつのところ、邪馬台国論争は二〇〇〇年ごろまで九州のほうが優勢だったのですが、その後畿内が勢いを盛り返してきました。纒向遺跡の全貌が明らかになり、年代もかつて考えられていたよりかなりさかのぼるとわかってきたことが大きいです。

本作はそんな上昇機運の中で書かれたのですが、いかなる神様の采配か、連載中に大きな発見や事件が相次ぎました。

まず、二〇〇〇年三月に箸墓古墳の東に隣接するホケノ山古墳（全長約八十メートルの前方後円墳）から「画文帯神獣鏡《がもんたいしんじゅうきょう》」が出土しました。

先にも触れたように、卑弥呼が魏の皇帝から贈られた鏡としては、従来「三角縁神獣《さんかくぶちしんじゅう》鏡《きょう》」が有力視されていたのですが、最近、この形式の鏡は日本国内で製造された可能性が高いといわれるようになってきました。対して、画文帯神獣鏡は主に三世紀初めに作られた舶載鏡《はくさいきょう》（輸入品）であることが明らかです。共伴《きょうはん》土器（ともに出土した土器）も三世紀中葉のものでした。年代等の条件からしても、「卑弥呼の鏡」としてはこちらのほうがふさわしいのです。

翌二〇〇一年五月には、箸墓古墳のやや北の勝山《かつやま》古墳（全長約百二十メートルの前方後円墳）から、丹塗りを含む木材が出土し、年輪年代法調査によって、「紀元一九九年プラス十二年以内」と判明しました。纒向遺跡の中でも最古級の墳墓であることを示す数字で、またも学界が沸きました。

これらの結果により、纒向遺跡が卑弥呼の生きた時代とぴったりと重なる存在であることがますますはっきりしたわけです。

加えてもう一つ、この二つの発見の中間に、ある意味においてはこれら以上に世間の注目を浴びる事件が起こりました。二〇〇〇年十一月、「神の手」といわれた考古学者、藤《ふじ》村新一《むらしんいち》氏が発掘現場に旧石器時代の遺物を埋め、再び掘り出してみせる自作自演を繰り返していたことが発覚したのです。いわゆる「旧石器捏造事件」です。日本の考古学界を大きく揺るがす不祥事でした。

内田さんの執筆スタイルは、最初に結論を決めないロードムービー方式ですから、これらのトピックスを巧みに織り込みつつ書かれていきました。

それでは本編を紹介していきますが、小説はあくまでもフィクションですので、事実と混同されませんようお願いします。

物語の主人公は小池拓郎《こいけたくろう》という孤高の考古学者で、筋金入りの邪馬台国畿内派です。大学を退官し、八十近い高齢になりながら、ホケノ山古墳の発掘現場に日参し、調査に精力を注ぎつづけてきました。その彼が突然失踪し、初瀬《はせ》ダムから遺体で発見されるのです。一方、ホケノ山の現場から画文帯神獣鏡が見つかり、大騒ぎになります。

小池の死は殺人と断定されますが、手掛かりはなく、なんとか真相を究明したいと願った関係者からの依頼で浅見光彦がやってくるのです。

結論から言いますと、この鏡は小池が若かりしころ、ある禁を犯して手に入れたものでした。その後、恋愛関係のもつれから人手に渡ったのですが、因果がめぐりめぐってホケノ山の土中に埋められたのです。

藤村新一氏の事件を持ち出すまでもなく、これは絶対にやってはならぬことです。しかし、この件が切ないのは、単にわが名を挙げようとする功名心からではなく、それしか方法がないという、やむにやまれぬものが根底にあった点です。

小池が鏡を見つけた場所。それは、箸墓古墳なのでした。盗掘したのです。なぜそんな大それたことをしでかしたかというと、この古墳に恋い焦がれ、取り憑かれていたからです。けれども、どんなに求めても手は届きません。なぜなら、日本の現在の規則では天皇陵とそれに準ずる墳墓は発掘できないからです。その焦燥が募り募って、ついにしのび

箸墓古墳全景(桜井市)

入ってしまったのです。
その結果、小池は宝を手に入れました。けれどもそれは口が裂けても言えぬ、永遠の秘密となりました。
小池が老体に鞭打ってホケノ山古墳に通いつづけたのは、箸墓に手を出せない以上、箸墓に隣接していて、関連の深いホケノ山に手がかりを求めるしかないという思いからでした。ここを掘りつづけていれば、いつか必ず成果をつかみ、邪馬台国論争を揺り動かすことができるだろう。じっさい、小池は箸墓から画文帯神獣鏡を見つけたのです。ホケノ山からも同様の価値あるものが出土してもおかしくありません。
そこには、真に愛する女性を横目に見な

がら、別の女性を妻として偽りの生活を続けるにも似た悲しみがあります。

しかし、この小説にいちばんいわく言いがたい味を与えているのは、老考古学者の悲哀でもなく、古い恋の情念でもなく、一言のセリフもないまま背景に見え隠れしている宮内庁という黒服の存在であるように、私には思えます。彼らが神聖にして侵すべからずとして守っているその玉手箱の中にこそ、本物の古代があるのです。

物語の最後、箸墓古墳からブルーシートに包まれたなにかがひっそりと運び出されます。それは自殺した真犯人の遺体なのですが、現場は厳重に守られ、報道も規制され、なにもなかったことになります。そもそも陵墓に一般人が立ち入って事件を起こすなどはありえないことだからです。

ゆえに、ホケノ山から発掘された画文帯神獣鏡も箸墓とはなんのゆかりもなく、したがって幸か不幸か小池が犯した罪も暴かれず、ひいては浅見光彦の推理も妄想として終わります。

これがこの小説のいちばんのおもしろみであり、なんとなく後ろ首のあたりがぞくっとするところです。

それにしても、なぜ宮内庁は古代天皇の陵墓を開け、この国の歴史をきっちり解明しようとしないのでしょうか。それこそが二十一世紀における文明国の科学的態度と思いますが、ことこの問題に関しては、そういう理屈は働かないようです。この国の成立にかかわる好ましからざる真実が暴かれるのを恐れているという揣摩憶測《しまおくそく》もありますが、どうでしょう。

そして、このパンドラの箱的なものの大本をたどっていくと、この国の皇統の物語を作った人たち——皇室そのものではなく、皇室の傍にあって、この国の神話を作った古代の政治家たち——に、たどりつくような気もします。

宇佐か、博多か、東北か

では、少々駆け足になりますが、邪馬台国をテーマとしたその他の作品を列挙します。王道の歴史小説としては、黒岩重吾《くろいわじゅうご》さんの『鬼道《きどう》の女王《じょおう》　卑弥呼《ひみこ》』があります。本作の卑弥呼は中国の杭州湾《こうしゅうわん》あたりに移住していた倭人集団の出身で、よくしたという「鬼道」は初期道教のこととして描きます。邪馬台国は現在の八女《やめ》から久留米付近という設定です。黒岩さんは古代史の題材を総なめにしておられるので、このあとの章にも常連として登場いただきます。

推理小説としては、高木彬光《たかぎあきみつ》さんの『邪馬台国の秘密』があります。名探偵の神津《かみづ》恭介《きょうすけ》が入院中のベッドの上で『魏志倭人伝』を再検証し、邪馬台国の真の位置を探します。最大の特徴は、魏の使節の上陸地点を末盧国《まつらこく》ではなく神湊《こうのみなと》（福岡県宗像市《むなかたし》）としたことで、邪馬台国は宇佐という結論です。

ちなみに、この作品は邪馬台国の研究書『「邪馬台国」はなかった』の著者、古田武彦《ふるたたけひこ》氏と論争になったことでも知られます。古田氏の唱える「邪馬壹《いち》（壱、一）国」説もたいへん説得力がありますので、あわせて読むとおもしろいかもしれません。氏の考える女王国比定地は博多湾付近です。

邪馬台国があったのは九州でも畿内でもなく岩手県の八幡平《はちまんたい》だったとするのは、鯨統《くじらとう》一郎《いちろう》さんの『邪馬台国はどこですか?』です。カウンターバーに集った客たちが珍妙なやり取りをした末に、仰天の結論に到達します。

どの作品も発想豊かで、興味は尽きません。みなさんも『魏志倭人伝』と引き比べて、ぜひあれかこれかと頭をひねってみてください。

最後に私自身の考えを少し言わせていただくと、邪馬台国の所在地はやはり九州、なかでも山門《やまと》郡であった可能性がもっとも高いように思います。しかし、先ほども触れたように、同時期の大和にもそこそこ大きな勢力ができていたのではないかと想像しています。

ではなぜ九州説のほうに分《ぶ》を感じるかといえば、きわめてシンプルな理由で、魏からやってきた使節が先進地帯である北部九州を深掘りせず、東方の検分に向かったとは考えにくいからです。遠い畿内の王国のことを詳細に描くならば、それより先に近い土地の繁栄のことも記していなければおかしいです。逆に、近くの土地に目を奪われすぎ、遠い王国のことは見逃したというのなら、大いにありえます。

ともあれ、小説の世界ではいまなお邪馬台国九州説が圧倒的に優勢なので、今後の方向性としては、畿内に焦点を当てていくほうが伸びしろは大きいように思います。

邪馬台国が九州から畿内に移動したという説もありますが、いったんある土地に根づいてできあがったクニ（ことに農耕生活を伴う集団）が大きな距離を移動するということにはあまり賛成できないので、九州と大和の両方に邪馬台国のようなものを二重に見出す試みができたらおもしろいだろうかと考えたりします。筑紫に卑弥呼がおり、大和に倭迹迹日百襲姫がおり、ともにすぐれた巫女であり、すなわち「二人のヒミコ」が存在していた、とか。

あるいは、発想をがらりと変え、『魏志倭人伝』を記述した晋《しん》の官僚、陳寿《ちんじゅ》を主人公にしてみてはどうでしょう。史書編纂のための情報を集めている彼のもとに、かつて倭国に渡った使者の子孫がやってくる。または、邪馬台国から魏に捧げられた生口《せいこう》の子孫、もしくは、三国時代の呉から倭国に忍び込んでいたスパイの子孫がやってくる。

陳寿は彼らの話を総合して倭国の姿を把握するのですが、国家戦略上の忖度《そんたく》、あるいはなにかの重大事により、あえて邪馬台国の位置を誤読させるような記述をした、とか。

はたまた、まったく別の妄想ですが、邪馬台国がどこにあったのかは、じつはすでに判明しているのかもしれません。しかし、現代日本のトップシークレットとしてかたく秘されている、とか。

卑弥呼が魏からもらった「親魏倭王」の印綬《いんじゅ》も、本当はもう見つかっているのかもしれません。畿内派の考古学者の石野博信《いしのひろのぶ》氏によると、金印よりも「封泥《ふうでい》」(下賜品を紐で結んだのち、結び目を泥で封印するもの)のほうが重要なのだといいます。理由は、金印は人手に渡って移動する可能性があるけれど、封泥は荷を開封した場所に残されるからだそうですが、それもすでに発見されている、とか。

しかし、考古、文献、東大、京大、DNA研究機関、そして、宮内庁と朝鮮半島を含む国際政治という、もろもろのバランス・オブ・パワーによって、けっして明らかにしてはならぬと厳命が下っている、とか。

小説としては、このあたりが開拓領域かもしれません。

第二章　神武は何度東遷したか

——記紀神話と初期大和政権

纒向の三輪王朝

前章ではこの国のあけぼのとしての邪馬台国《やまたいこく》のお話をしました。では、続いて次の時代へ——と、進んでいきたいところですが、「ちょっと待った」です。それ以前のだいじな要素が一つ、置き去りになっているからです。

それは神話です。『古事記』『日本書紀』（あわせて記紀と呼びます）に描かれているほうのこの国のあけぼのについて、まだ触れていないのです。

邪馬台国が存在したのは二世紀後半から三世紀半ばごろで、その後さほど間をおかぬ三世紀後葉に、この国初と言ってよいであろう王権が誕生しました。場所は大和の纒向《まきむく》のあたりで、三輪山《みわやま》のふもとであることから、しばしば「三輪王朝」と呼ばれます。王朝の創始者は崇神《すじん》天皇（ミマキイリヒコ）といい、歴史上実在したとされる最初の大王です。

ここで少々注記しますと、「天皇」という称号が用いられるようになるのは七世紀の天武《てんむ》天皇（もしくは天智《てんじ》天皇）以降で、それ以前は「大王《おおきみ》」と呼ばれていました。本書では一般に通りのよい漢風諡号《かんぷうしごう》を用いますので、「天皇」と「大王」が混在することをあらかじめお断りいたします。

崇神天皇の宮（磯城瑞垣宮《しきのみずがきのみや》）の伝承地は現在の大神《おおみわ》神社の南隣にあり、陵墓（行燈山《あんどんやま》古

崇神天皇陵とされる行燈山古墳(天理市)

墳)は箸墓《はしはか》古墳の一・五キロ北にあります。
邪馬台国イコール纒向遺跡で、三輪王朝がその後裔であるなら話は簡単です。ところがそうは問屋が卸しません。双方の関係はわからないうえ、邪馬台国九州説もあります。それどころか、記紀は邪馬台国の存在をまったく無視して、皇統のルーツを神々のファンタジーに直結させてしまっているから厄介なのです。
記紀神話の語るところをみると、崇神天皇に至る前に、すでに遠大な物語が描かれています。多少くだくだしくなりますが、以下に概略を記します。

・なにもない無の宇宙からこの世が始

まり、イザナギ、イザナミの男女神が倭国の大八洲《おおやしま》を形作った（天地創造神話）。
・イザナギの子のアマテラスとスサノオが、天上の神々の世界である高天原《たかまのはら》で喧嘩したり子を生《な》したりの愛憎劇を繰り広げた（高天原神話）。
・スサノオが出雲《いずも》に追放され、その子孫のオオクニヌシが葦原《あしはら》の中《なか》つ国《くに》（地上の国《くに》つ神《かみ》の世界）を開拓していった（出雲神話）。
・オオクニヌシが造った地上世界を、高天原のアマテラスたちが強引に譲らせた（国譲り神話）。
・アマテラスの孫のニニギノミコトが日向《ひむか》の高千穂《たかちほ》の峰に天降《あまくだ》り、三代かけて当地の海山を統《す》べた（日向神話）。
・その次のカムヤマトイワレヒコが日向から東遷《とうせん》し、大和入りして初代大王である神《じん》武《む》天皇となった（神武東遷神話）。

ざっと以上のような構成です。

ここからさらに八代の大王を経由し、ようやく崇神天皇の治世が訪れます。アマテラスから始まる子孫たちを、俗に「天孫族《てんそんぞく》」と呼び、皇室系図によって数えると、崇神は十代目に当たります。

崇神天皇以前の大王は八世紀の記紀編纂者によって創造された架空の存在といわれていますが、なにがしかの事実を反映している可能性もあり、だとすれば、そのどこかに邪馬台国の片鱗《へんりん》を見出したいものです。ところが、記紀には意図的にかどうか邪馬台国の「や」の字も出てきません。一方、邪馬台国の典拠である『魏志倭人伝《ぎしわじんでん》』のほうにも、ニニギの「に」の字も、神武の「じ」の字も出てきません。

このあたりのすれ違いが悩ましすぎるため、本書でもまずは邪馬台国のみにしぼった一章をもうけたのです。

しかし、この問題を避けていては古代史の妙味を取り逃がします。よって、いったん逆戻りして――、いや脇道に入ってと言うべきなのか――、いやこちらが正道と言うべきなのか――、神話の要素をふんだんに取り込んだ小説たちを見ていきたいと思います。事実も空想も伝説もひっくるめた沼に斬り込んでいる作品たちと申しましょうか。

その道筋を経由したのち、三輪王朝の時代へ進みたいと考えます。

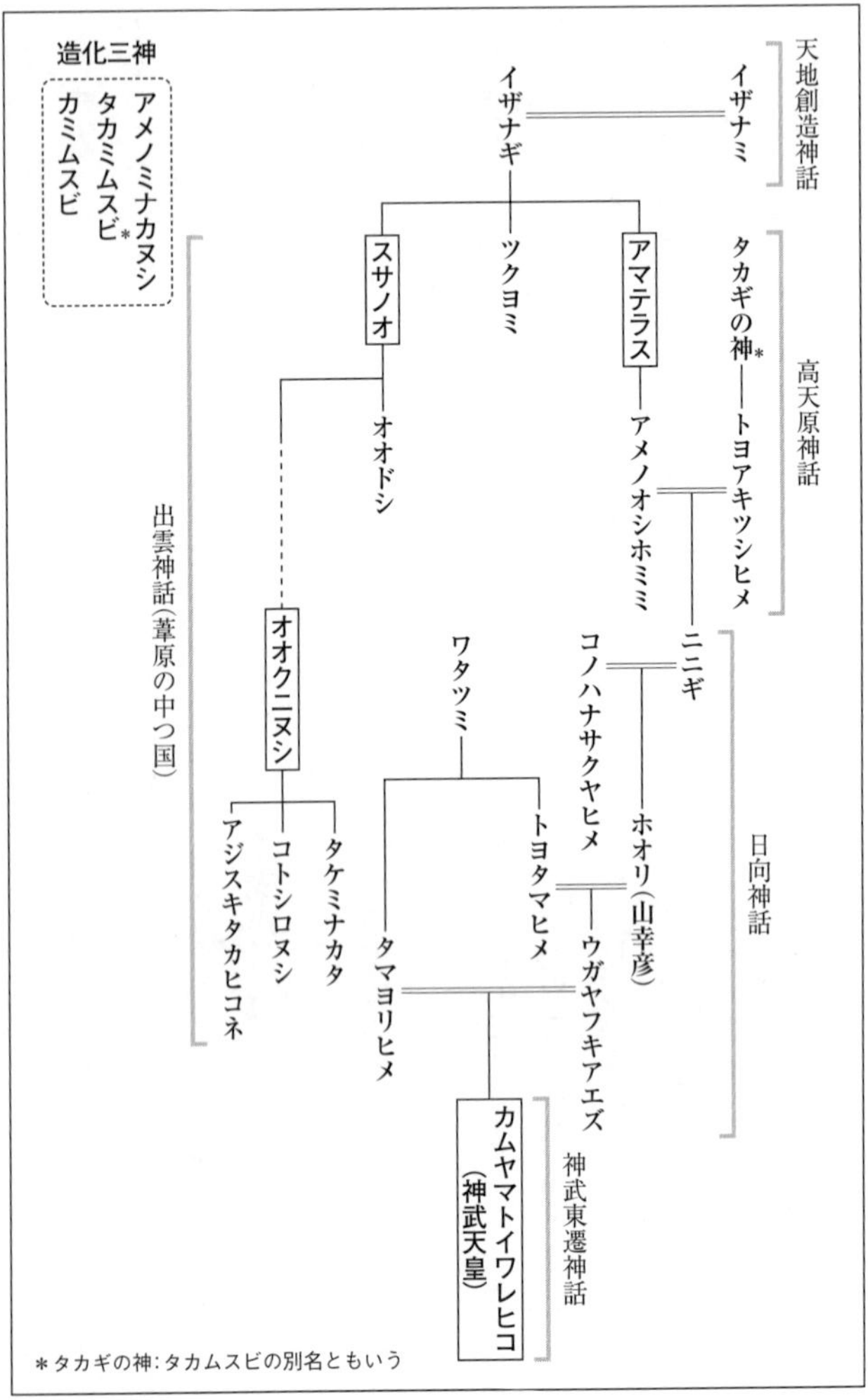
天地創造神話
イザナミ
イザナギ
造化三神
アメノミナカヌシ
タカミムスビ*
カミムスビ
高天原神話
タカギの神*
トヨアキツシヒメ
アマテラス
ツクヨミ
スサノオ
アメノオシホミミ
オオドシ
出雲神話(葦原の中つ国)
日向神話
ニニギ
コノハナサクヤヒメ
ワタツミ
オオクニヌシ
ホオリ(山幸彦)
トヨタマヒメ
タケミナカタ
コトシロヌシ
アジスキタカヒコネ
ウガヤフキアエズ
タマヨリヒメ
神武東遷神話
カムヤマトイワレヒコ(神武天皇)
*タカギの神:タカムスビの別名ともいう

図2-1　神々の略系譜

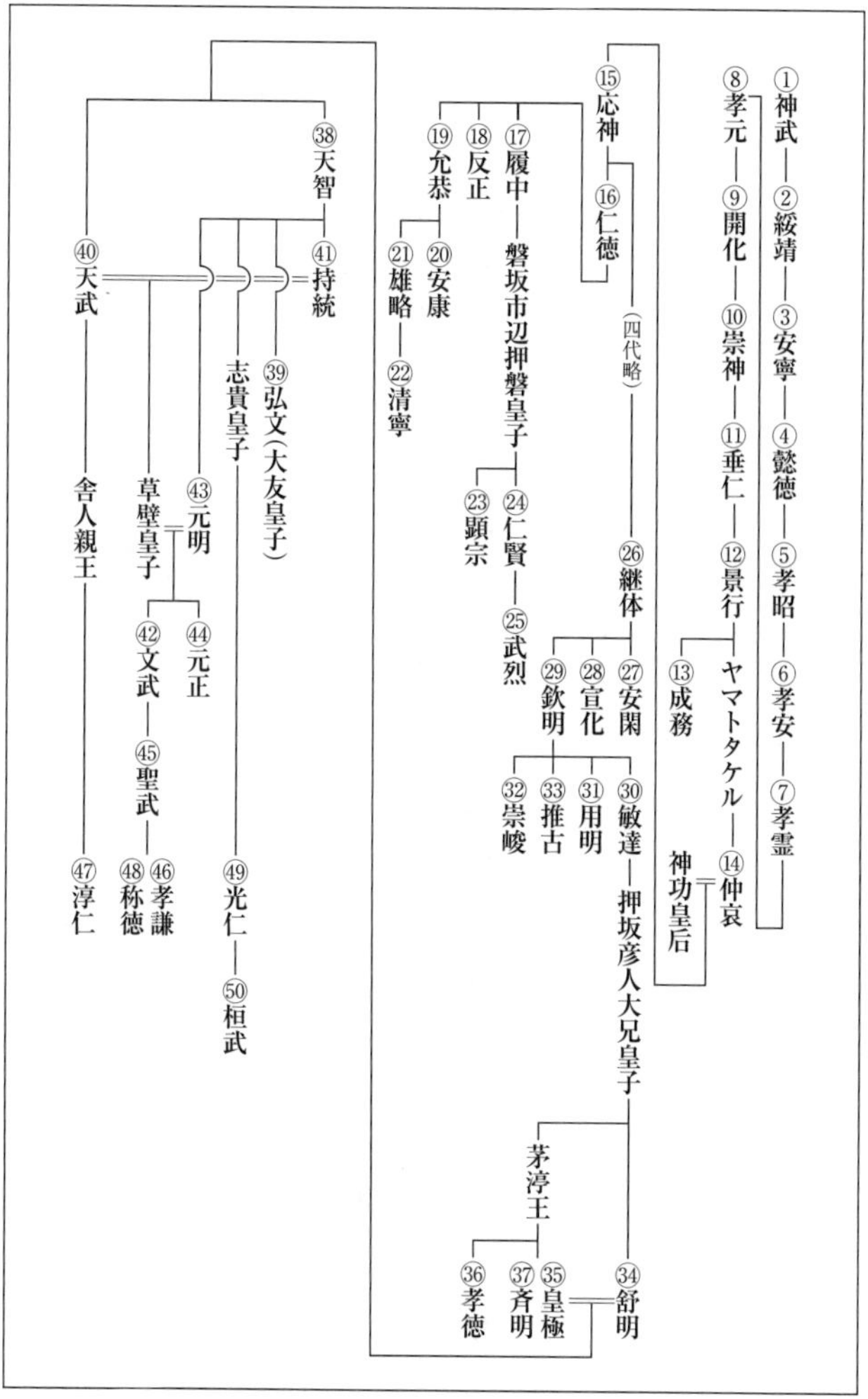

図2-2　天皇系図（初代〜50代）

スーパー歌舞伎のオオクニヌシ

一冊目は、哲学者にして古代学者の梅原猛《うめはらたけし》さんによる戯曲、『オオクニヌシ』です。本作は三代目市川猿之助《いちかわえんのすけ》さん演じるスーパー歌舞伎の脚本として書かれたもので、出雲神話でおなじみのオオクニヌシが主役です。

最大の特徴はオオクニヌシが出雲ではなく大和の国つ神とされていることで、梅原さんの独自説によっています。また、オオクニヌシは高天原の最高神のアメノミナカヌシと女神の一人であるカミムスビのあいだにできた隠し子という、ユニークな設定です。

オオクニヌシはたくさんの兄を持つ心やさしい末っ子なのですが、あるとき出雲の王の娘のヤガミヒメに見初められます。このため兄たちに嫉《ねた》まれ、殺されそうになります。命の危険を感じたオオクニヌシは黄泉《よみ》の国へ逃げ、冥界《めいかい》の主であるスサノオの娘、スセリヒメと結ばれます。これによって一まわりパワーアップして地上に戻り、自分を虐《しいた》げた兄たちに勝ち、大和の王となるのです。以後オオクニヌシは協力者のスクナヒコナや、自分の息子たちと力を合わせ、国造りに励みます。

一方、西のかた筑紫《つくし》は、やはり高天原の女神のアマテラスの孫、ニニギが治めていました。つまり、東はオオクニヌシ、西はニニギという形で勢力を二分していた格好です。

やがて、この筑紫勢がアマテラスの指令によって、葦原の中つ国のすべてを支配することになります。彼らは猛烈に東へ攻めのぼり、オオクニヌシの子のコトシロヌシを自殺に追いやり、タケミナカタを力でねじふせ、あの手この手を使って国土を奪い取ります。

筑紫勢は辺境の出雲に隠居の住まいを建て、オオクニヌシを移り住ませます。それはみごとな建物でしたが、内実は新政権からの監視つきの押し込めであり、オオクニヌシは口惜しさを噛みしめます。自分ほど真摯《しんし》に国造りに励んできた者はないのに、ままならぬものであるよ……と。

梅原猛『オオクニヌシ』（文藝春秋）

そして、しばらく自問自答したのちに、よし、と心を定めます。おのれは天つ神の策略に負けたが、なに恥じることはない。おのれはおのれの信じる道を歩み、民のために尽くしてきた。国つ神としての魂の誇りだけは失わず、永遠の存在になろう。

かくしてオオクニヌシはみずから海に入り、黄泉の国へ向かうのです。

記紀神話の中でも天地創造のくだりなどはばっさりと割愛《かつあい》し、最初からアマテラスは高天原の神、スサノオは黄泉の神とした点、ニニギは正統の女神アマテラスの嫡孫、オオクニヌシは出雲系の女神カミムスビの隠し子とした点、天《あま》つ神《かみ》（天神）と国つ神（地祇《ちぎ》）の二項対立をはっきりとさせた点なども、わかりやすさにつながっていると感じます。

また、オオクニヌシはあらかじめ大和に、ニニギはあらかじめ筑紫に配されているため、オオクニヌシが「国譲り」をした時点で、実質的に天孫族の大和入り――すなわち「神武東遷」――が果たされた形になっています。

神話の原典では何度も使者が出され、伊那佐《いなさ》の浜だの、高千穂の峰だの、アメノトリフネだの、アメノイワフネだの、似た話がデジャ・ビュのように反復《ループ》します。が、そうしたくどいダブりはすべて省略です。

推察するに、この作品はテキストとして読ませるものではなく、人が舞台で演じる劇なので、極力わかりやすさを心がけ、大胆に枝葉を刈り込んだのでしょう。

ただし、一つ要注意なのは、梅原さんはこの戯曲を書かれたあと、出雲に関する自説を変更されたことです。

大和にはもともとオオクニヌシを含めた土着の国つ神がたくさんいたのだが、天孫族の大和入りによって蹴散らされ、祟り神《たたりかみ》となってしまった。出雲大社はそれらを一括して鎮魂するために、王権側によって建立されたものである――というのが梅原さんのオリジナルの見解でした（『神々《かみがみ》の流竄《るざん》』一九七〇年）。

ところが、その後、出雲の荒神谷《こうじんだに》遺跡や加茂岩倉《かもいわくら》遺跡から大量の銅剣《どうけん》や銅鐸《どうたく》が発見され、出雲大社が日本一の巨大神殿であったことも判明し、かの地がおおかたの予想を覆す古代王国であったことが明らかになりました。これを受け、やはりオオクニヌシは神話に描かれたとおりの出雲の神であった――、と説を改められたのです（『葬られた王朝――古代出雲の謎を解く』二〇一〇年）。

とはいえ、その変更のために、この戯曲の価値が揺らいだわけではありません。そもそも神話の解釈はどれが正解ということもないと思います。

梅原さんは日向神話についても再考されていますので（『天皇家の〝ふるさと〟日向をゆく』二〇〇〇年）、そちらも併せて読むと、なお興味が増すかもしれません。

伽耶から来た王子、消えた天孫族

続いては、邦光史郎《くにみつしろう》さんの『黄昏《たそがれ》の女王卑弥呼《じょおうひみこ》』です。

邦光史郎『黄昏の女王卑弥呼』
(「小説日本通史 黎明〜飛鳥時代」
祥伝社文庫)

本作は古代から太平洋戦争までの日本史をすべて小説形式で描いた「小説日本通史」という壮大なシリーズの第一巻で、その第一部の「光と闇の神話」が、本章のテーマに対応します。基本は歴史に添いながら、空想小説的な性格も備え、さりとてエンターテインメントとも違う、独特の読み味を持った作品です。

主人公は「木ノ花《このはな》一族」という特殊な能力を有する一族で、銅と辰砂《しんしゃ》(朱《しゅ》)の鉱脈をつかさどりながら、悠久の時を旅しています。物語はその始祖の伊可留《いかる》が海を渡ってやってくるところから始まります。彼は朝鮮半島南部の伽耶《かや》の王子なのですが、国が乱れて存亡の危機にさらされたため、からくも逃げてきたのです。

時は三世紀前半、倭国《わこく》には伊可留と同じように伽耶から渡ってきた民が各地に散らばり、小集団を形成しながら暮らしています。天神が地上の亀旨《きじ》の峰に尊い金の卵を下したことによって始祖王が誕生したという伝説を受け継ぐ伊可留はテレパシーを使うことができ、永遠の命に近い生命力も備えています。その証《あかし》に、腕に太極《たいきょく》の形の痣《あざ》が刻まれています。伊可留はこの異能を生かしながら、倭国の中に一族が安らかに生きていける第二の故郷を造ることを目指すのです。

ただ、彼らには「冥府《よみ》一族」という、負の力を持った宿敵がつきまとっており、ゆく先々でひどい妨害を受けます。

当時、筑紫には邪馬台国があり、老いた巫女王《みこおう》の卑弥呼が統治していました。が、長期政権の中で大臣たちは慢心し、卑弥呼自身もかつてのような神通力《じんつうりき》を失い、政情は麻のように乱れていました。

超能力によって卑弥呼と心を通わせた伊可留は、国の建て直しの協力を乞われます。しかし、邪馬台国の命脈はまもなく尽きると見切りをつけ、さらなる新天地を求めて東への旅に出ます。太陽の進む道筋に従って、たくさんの同胞《どうほう》が移り住んでいると聞いたからです。

かくて瀬戸内海を漕ぎ進み、吉備《きび》まで来たとき、やはり筑紫を発って大和を目指している一族と出会いました。頭目は五瀬《いつせ》という人格者で、御毛沼《みけぬ》という弟がかたわらに添うています。話を聞けば、天上から日向の高千穂の久士布流多気《くじふるたけ》に降ってきた神の末裔といい、おのれらの伝承とよく似ています。もしかすると祖先は同じかもしれぬと意気投合し、同行することにしました。

ところが、大和を目指して浪速《なみはや》（現在の大阪湾）から上陸したところで、登美《とみ》族の猛攻を受け、五瀬は死んでしまいます。やむなく弟の御毛沼が跡を継ぎますが、御毛沼は短絡的で血の気が多く、先住民に対して容赦のない掃討を繰り広げます。そこへ、争いのにおいを嗅ぎつけた冥府の一族がからんできて、御毛沼も殺されてしまいます。

神話に詳しい方なら、すでにお察しかもしれません。天から高千穂へ降ってきた人々とは、記紀神話にいうところのアマテラスの後裔――、すなわち天孫族にほかなりません。私自身もそのつもりで読んでいたので、この展開には驚きました。

えっ、天孫族消滅？

となるとこの先どうなるのだろう――と、固唾《かたず》を呑んだのですが、伊可留が横合いから担ぎ出され、瓢箪《ひょうたん》から駒《こま》のように大王の座についたので、なるほどそう来たか、と膝を打ちました。

伊可留は三輪山のふもとに磯城瑞垣宮《しきのみずがきのみや》をいとなみ、つまり彼こそが三輪王朝の創始者たる崇神天皇（ミマキイリヒコ）となるのです。

伊可留は木ノ花一族の証である太極の痣を削《そ》ぎ落とし、以後はふつうの人間として倭国の治世に尽くします。異能の血脈は彼の一人娘が受け継ぎ、次の時代に向かうことになります。

先ほど私は「神武天皇は創作上の大王である」と述べましたが、その理由は、神武天皇と崇神天皇が同じ「ハツクニシラススメラミコト」（始馭天下之天皇／初めてこの天の下を統べた天皇）という別名を持っているためです。つまり、神武とは崇神の遡及的《そきゅうてき》な投影であり、皇室の始まりをできるだけ古くするため、記紀の編纂者が知恵を絞ったのだと思われます。神武と崇神のあいだに実体のない八代の大王（「欠史八代《けっしはちだい》」といいます）がはさまっているのも同じ理由で、皇統を嵩増《かさま》しするための接《つ》ぎ木なのでしょう。そのように考えるなら、伊可留が大王位に就くと同時に五瀬や御毛沼らが煙のように消えてしまっても、歴史はこともなく続くのです。

伊可留の出身である伽耶とは、朝鮮半島にあった三韓（馬韓《ばかん》、弁韓《べんかん》、辰韓《しんかん》）のうちの弁韓の南部の海岸地帯で、国境というものがなかった当時、倭人と韓人の共生地帯でした。伽耶という名は朝鮮半島側の名称で、日本側からはしばしば「任那《みまな》」と呼ばれます。

邦光さんは、記紀には新羅や百済からの渡来人の話はずいぶん出てくるが、伽耶人に関する記述はまったくなく、それは、このころの伽耶との往来が特殊でもなんでもないほど多く、当たり前すぎることだったからではないかとおっしゃっています。つまり、渡来という意識もないほど倭国と朝鮮半島を人々が行き来し、一体化していたわけで、言ってみれば、これがふつうの弥生人《やよいじん》なのでしょう。

とすると、本作はこの国の創始にかかわる大袈裟な装飾をきれいさっぱり捨て去った、かなり新しい歴史解釈の試みといえるのかもしれません。

また、この作品で印象に残るのは、木ノ花一族に不気味につきまとう冥府一族です。彼らは常に権力者のそばに現れ、その行動を陰から操ります。

「ヨミ一族」「コノハナ一族」という名前からは、黄泉の国の王スサノオと、伝説の美貌の姫君コノハナサクヤヒメのイメージが浮かびます。これについて邦光さんはとくに説明していませんが、たぶんイメージは重ねておられるのでしょう。

光と影のように、あるいは善と悪があざなえる縄のように時を超え、姿を変えながら存在しつづけるそのあり方を見ていたら、なんとなく手塚治虫《てづかおさむ》さんの『火の鳥』を思い出しました。

通常の日本史をやさしく小説化したものだろうと予想して読みはじめるといろいろ裏切

られる、一風も二風も変わった作品です。

ガンダムの迫力を神話へ

続いては、神話を扱った作品のうちでも序破急《じょはきゅう》の急というべき、安彦良和《やすひこよしかず》さんの『ナムジ――大國主』（古事記巻之一）と『神武』（古事記巻之二）です。

安彦さんといえば、いまなお人気の高いアニメーションの『機動戦士《きどうせんし》ガンダム』の作画監督として知られます。四十代で『ナムジ』を描かれて以降は、専業漫画家として主に歴史をテーマとする作品を発表してきました。時代考証や推理も綿密ですが、やはり、なんといっても画力が素晴らしく、文字とは違う説得力に圧倒されます。

この二作の底には、出版事業家で歴史研究者の原田常治《はらだつねじ》氏の『古代日本正史』という種本《たねほん》があります。日本じゅうの神社をしらみつぶしに調べた結果から神話の再解釈を試みた異色の書なのですが、安彦さんはここに自身の考えを加えてさらに飛び跳ね、また、ある部分は逆にオーソドックスの方向へ揺り戻し、独自の世界を創りあげました。

主人公はナムジ（オオナムジ、オオクニヌシ）と、その子ツノミ（カモタケツノミ、アジスキタカヒコネ）の父子二代です。

本作のおもしろいところは、登場人物が神様ではなく、すべて実在の人物として描かれている点です。このため物語は全編絵空事ではなく、切れば血の出るような生々しいドラマになっています。

では、『ナムジ』からいきましょう。

時は二世紀後半。出雲（本作では於投馬《いずも》）の国は海の向こうから製鉄と騎馬の文化を携えて渡ってきた大王スサノオに支配され、倭国最大の勢力を誇っていました。この土地に一人の孤児が流れつきます。これがナムジです。

記紀神話ではオオクニヌシはスサノオの何代目かの子孫ということになっていますが、本作では血のつながりはありません。しかし、知恵が豊かで度量も大きいため、めきめきと頭角を現し、スサノオの末娘のスセリヒメと恋仲になります。彼らの世界では末子相続が伝統的なならわしなので、ナムジは婿養子となってスサノオの跡を継ぐのです。

ナムジとスセリはスサノオから杵築《きつき》の里を贈られ、りっぱな住まいを建てます。これが杵築大社（出雲大社）の始まりです。やがて子のタケミナカタも生まれ、ナムジはえいえいと国造りに励みます。

そのうちに、スサノオが領土拡大の野心を抱き、筑紫の強国である邪馬台国《やまたいこく》（本作では

「やまとこく」）の征討に出かけます。これによって、歴史上いうところの「倭国大乱《わこくたいらん》」が幕を開けます。

もともと邪馬台国は筑後《ちくご》川流域の山門《やまと》にあったのですが、スサノオの猛攻に恐れをなして南に逃走し、クマソ（球磨《くま》と曽於《そお》）とのはざまの日向の西都原《さいとばる》を拠点としました。一方、出雲方は宇佐《うさ》を陣としてにらみあいに入ります。ところが、ここで誰もが予想しなかったことが起こりました。邪馬台国から人質として来ていた美貌の王妃ヒミコ（本作では日霊女）にスサノオが惚れ込んでしまったのです。スサノオはヒミコに骨抜きにされて故国を忘れ、はるばる遠征してきた意味も忘れ、そのままこの地の王のように居ついてしまいます。ミイラ取りがミイラになるのです。

安彦良和『ナムジ』
（中公文庫コミック版）

多くの方がご存じのように、スサノオが恋慕する相手は決まっています。そうです、アマテラスです。本作ではヒミコはすなわちアマテラスオオミカミなのです。

記紀神話では、この二神は誓約《うけい》をして、ス

サノオの剣から三女神（タギリヒメ、サヨリヒメ、タギツヒメ）が生まれ、アマテラスの玉から五男神（アメノオシホミミ、アメノホヒ、アマツヒコネ、イクツヒコネ、クマノクスビ）が生まれます。本作ではこのうちの三女がスサノオとヒミコから生まれ、五男はヒミコと他の王とのあいだにできるという設定です。

かくして年月を経るうち、邪馬台国が勢力を盛り返し、ヒミコを奪還します。スサノオも襲われて命を落とし、とたん、北筑紫の国々や海人族《あまぞく》、クマソたちも騒ぎはじめ、宇佐の出雲陣営は窮地に陥ります。

スサノオにはオオドシ（オオモノヌシ、ニギハヤヒ）というすぐれた息子がおり、あるときまで行動をともにしていたのですが、途中から別れ、いまは大和の統治に専念しています。

そこで、ナムジが救援の軍を率いて筑紫にやってくるのですが、これまたヒミコの罠にかかり、十年も牢獄の中で過ごすはめになります。囚《とら》われのナムジを助けたのはヒミコとスサノオの娘のタギリヒメで、おかげでナムジは地上に復活することができました。ところが、可憐なタギリを愛してしまったため、出雲に帰ることができなくなり、さりとて邪馬台国の人間になることもできず、どっちつかずの身の上となります。

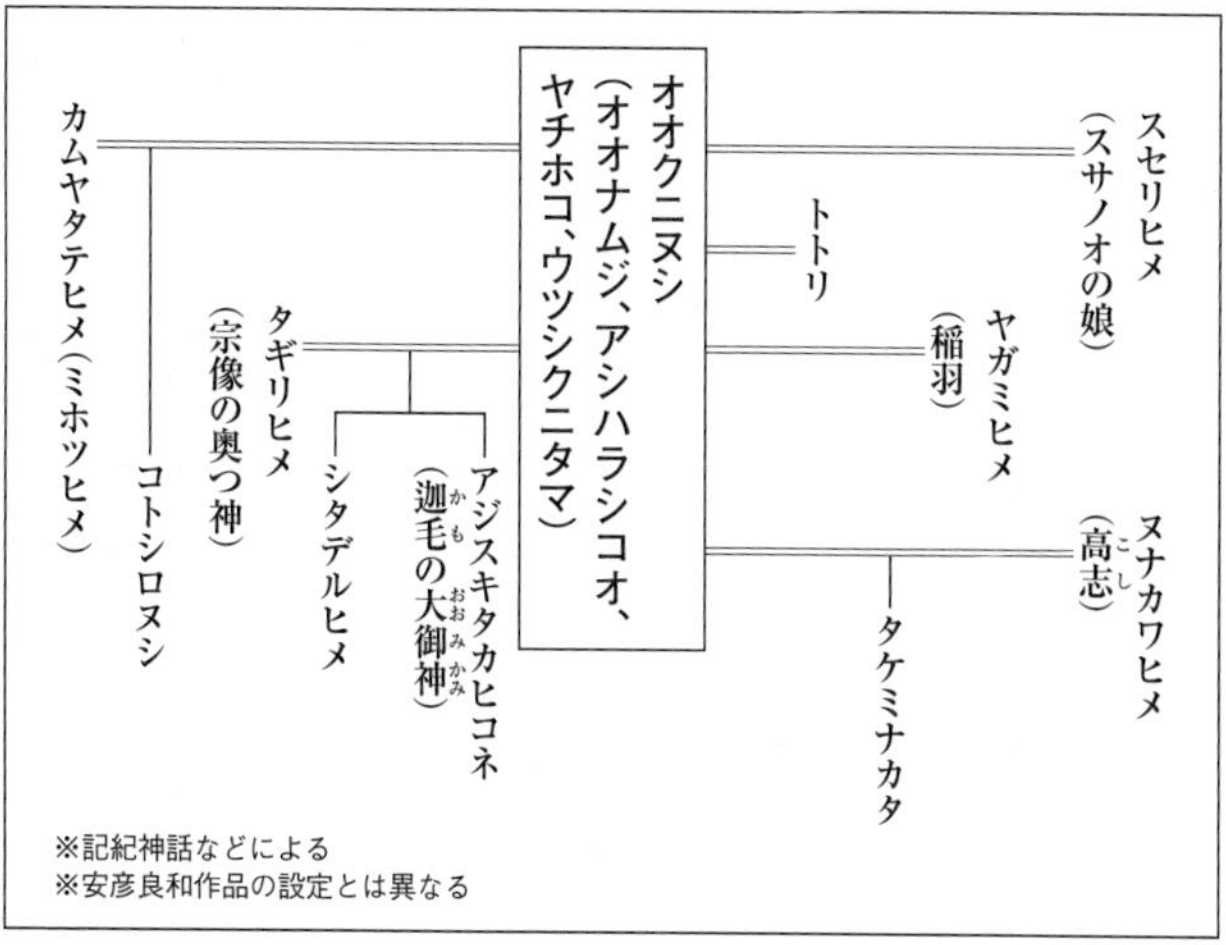

図2-3　オオクニヌシの妻子

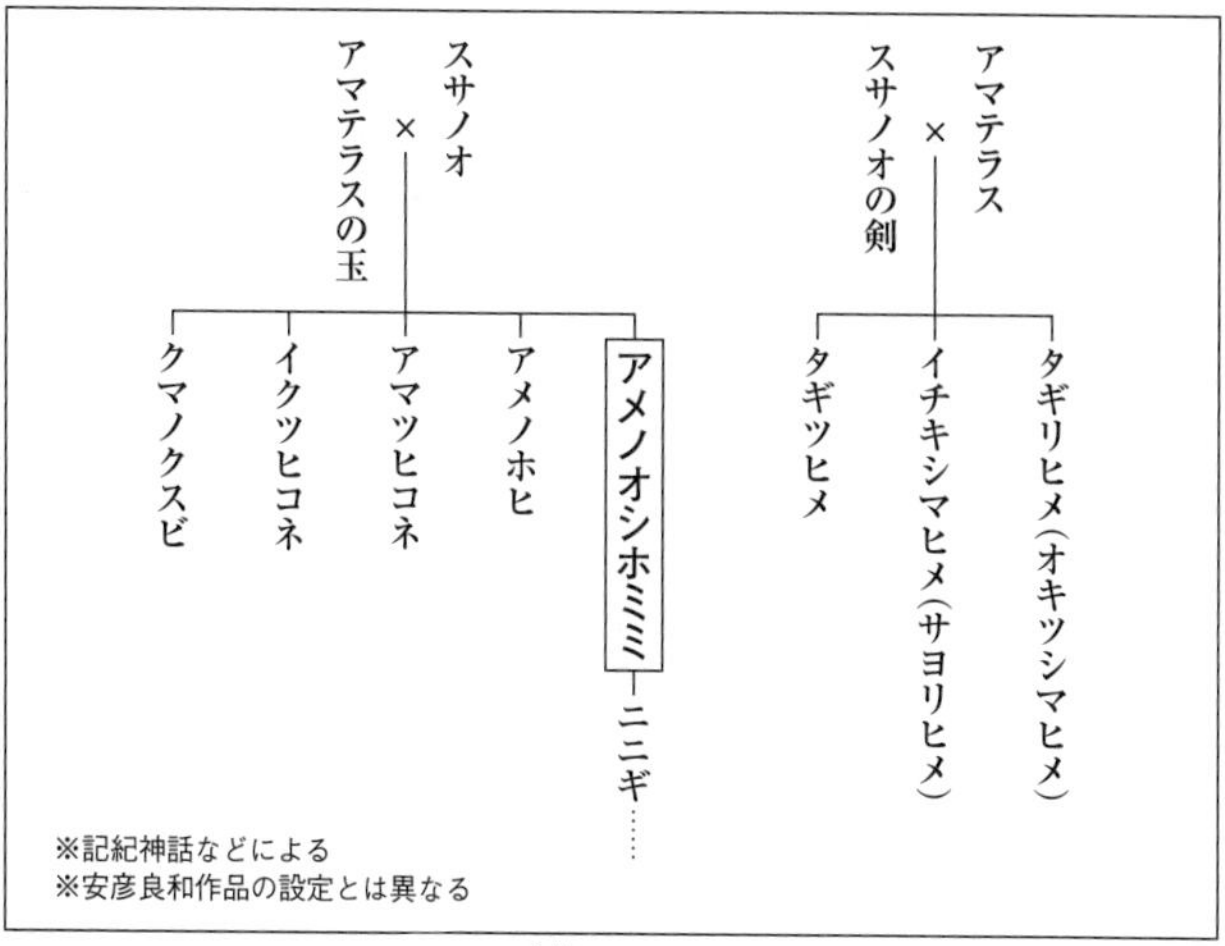

図2-4　アマテラスとスサノオの誓約《うけい》による子産み

その後、ナムジは戦場で妻のスセリヒメと子のタケミナカタに再会しますが、当然ながら裏切り者としてなじられます。ナムジは彼らと干戈《かんか》を交えるのを避けたいあまり、宗像《むなかた》の鐘《かね》の岬《みさき》から船出し、玄海の孤島の沖ノ島（本作では沖の島）にたどりつきます。

やがて、タギリが生まれたばかりの赤子のツノミ（カモタケツノミ）を抱いて後を追ってきて、ナムジは彼らとともに広大なわたつうみの世界で生きていこうと決心する——、ところで幕となります。

このように、登場する人物の名は記紀神話でおなじみですが、物語はまるきり違います。とくに興味深いのはナムジの人物造形で、どこにも根を持たぬ漂泊者のような性格が貫かれています。

記紀でのオオクニヌシは、オオナムジ、ヤチホコ、アシハラシコオ、ウツシクニタマなどたくさんの名を持ち、性格もややとりとめがないのですが、本作ではこれらが統合され、一匹狼的なキャラクターが創造されました。だからといって虚無的なわけではなく、むしろ愛情深く、悩み多く、このようなオオクニヌシは見たことがありません。

最後に沖ノ島の海民となる幕切れも一般的なイメージからすると意外ですが、当地を支配していた海人族の宗像氏が航海の女神としてアマテラスの娘の三女神を崇めていることと、とりわけ「海の正倉院《しょうそういん》」と呼ばれる沖ノ島にオオクニヌシの妻のタギリヒメが祀られていること、また、宗像氏が出雲と深い関係を持ち、朝鮮半島と日本海沿岸の土地土地をつなぐパイプであったことなどを考えれば、うなずける結末でもあります。

八咫烏と葛城の出雲神たち

では、続編の『神武』です。

本作には大きく二つの要点があり、一つは出雲が邪馬台国の圧力に屈して「国譲り」がなされること、もう一つは神武天皇が日向から大和へ「東遷」し、初期大和王権ができあがることです。

安彦良和『神武』
（中公文庫コミック版）

それだけ言えばおなじみの記紀神話のとおりですが、これまた内容はまるきり違います。なにしろ本作の神武はヒミコの孫なのです。

物語は、沖ノ島の海人族として生きていたナムジが世を去ったところから始まります。

長年にわたる出雲との泥仕合《どろじあい》に業《ごう》を煮やしていたヒミコは、いまぞ好機と敵の殲滅《せんめつ》に乗り出します。出雲では末子相続が掟なので、ナムジとわが娘タギリヒメの間に生まれた末っ子のツヌヒコ（コトシロヌシ。ツノミの弟）を神輿《みこし》に担ぎ、猛将のタケミカヅチを先鋒《せんぽう》に据えて乗り込んでいくのです。

相手方にも、スセリヒメが生んだタケミナカタがいますので、出雲の民はツヌヒコを担ぐかタケミナカタにつくかでまっ二つに割れます。タケミカヅチはその動揺を鋭く突き、優勢に立ちます。剛勇で鳴らしたタケミナカタも遥か諏訪《すわ》まで敗走し、もともと虚弱だったツヌヒコもまもなく世を去り、出雲はヒミコの手に落ちます。

これが、本作の描くところの「出雲の国譲り」です。

父祖一族のむざんな衰勢を憂えたツノミ（カモタケツノミ）は、叔父分のオオドシが治める大和の纒向に第二の故郷を打ち立てたいと願います。そして、あれかこれかと思案した末に、一つの案を思いつきます。

それは、オオドシの娘のミトシ（イスケヨリヒメ）の婿に、ヒミコの孫のイワレヒコを迎えることでした。果てのない戦乱を終わらせ、新しい世を到来させるためには、出雲と邪馬台国が無血で同盟を結ぶのが理想であり、そのためには婚姻が最良と考えたのです。

イワレヒコは若年ながら果断と知性を兼ね備えており、ツノミはイワレヒコに出会ったとき、運命的なものを直感しました。日向を後にしたイワレヒコの旅路は苦難に満ちたものとなりますが、この人をこそと信じるツノミは力を尽くし、その大和入りを助けます。そして、イワレヒコは初代神武天皇となるのです。

記紀神話には八咫烏《やたがらす》という送迎神が登場し、日向からやってきたカムヤマトイワレヒコを熊野山中で出迎え、金の明かりで導きます。この八咫烏をカモタケツノミの別名とする説があり、つまり本作のツノミは神武天皇の道案内をするこの神様を大胆な形でなぞらえているのです。

かくしてイワレヒコの婿入りは成りますが、これにて一件落着――、ではありません。なぜなら、跡取り娘に婿をもらったと考えているのは出雲の側だけで、邪馬台国のほうは出雲を隠微《いんび》に乗っ取ったつもりだからです。

まもなくヒミコは死にますが、その跡を曽孫の台与《とよ》が継ぎ、大和を睨んで青白い怒りの炎を燃やしています。台与はイワレヒコとクマソの女人のあいだに生まれた一粒種なのです。そして、邪馬台国から海彼《かいひ》の魏に向けていくさの応援要請が出されたところで、本作は閉じられます。

熊野「大斎原」の大鳥居（田辺市）。鳥居の島木に金色の八咫烏が鎮座する

この先、日向の邪馬台国はどうなるのか、ツノミたちの大和はどうなるのか、早く続編が書かれぬかと気になります。

大和盆地の西側の葛城《かつらぎ》山のふもとには、高鴨《たかがも》神社（上鴨社）、葛木《かつらぎ》御歳《みとし》神社（中鴨社）、鴨都波《かもつわ》神社（下鴨社）、葛城《かつらぎ》一言主神社《ひとことぬしじんじゃ》など、出雲系と思しき神社がたくさんあり、ツノミ（カモタケツノミ、アジスキタカヒコネ）、ミトシ（イスケヨリヒメ）、ツノミの子のハヤオ（アジスキハヤオ）、ツノミの弟のツヌヒコ（コトシロヌシ）、母のタギリヒメ、ツノミの妹のテルヒメ（シタデルヒメ）、テルヒメの夫のアメノワカヒコなどが一家総出の趣《おもむ》きで祀られています。周辺には出雲の加茂《かも》郷から移住してきた人々が多く住んでいたようです。

葛城の出雲神たちは従来地味な存在で、このように物語の主役になることもあまりありません。それだけに新鮮味も格別です。

なお、カモタケツノミとアジスキタカヒコネ、ミトシとイスケヨリヒメ、オオドシとニギハヤヒに関しては、記紀では別神とされていることを、念のため申し添えます。

出雲と大和の因縁の関係

作家たちが描いたとりどりの東遷によって、どうにかこうにか大和の初期王権にたどりつきました。

聞き慣れない神様の名前がたくさん出たので、混乱されたかもしれません。ここでいま一度、邪馬台国《やまたいこく》から三輪《みわ》王朝への道のりを整理して、私自身の考えも少し述べたいと思います。

大まかに分けて、その道筋には三通りの可能性が考えられます。

一つは、邪馬台国は大和盆地で誕生し、同じ地域で新しい王権として発展的に継承されたという考え方。

二つ目は、邪馬台国は九州に存在し、卑弥呼の後継者（台与《とよ》、または別の子孫）が一党を率いて大和に遷ってきたという考え方。

三つ目は、邪馬台国は邪馬台国として九州に生まれ九州で滅び、大和は大和としてそれとは無関係な集団が王権を樹立したという考え方。

私自身は三つ目の立場です。先の章でもじゃっかん触れましたが、邪馬台国と同じころ、大和のほうにもそこそこ進んだ文明生活がいとなまれていたのではないかと思っています。もう少し詳しく言えば、大和はさらなる重層性を蔵していて、先にあった人々の暮らしを、後からやってきた人々が塗り換えるような形でできあがったものではないかと想像しています。

この場合の「先住者」は出雲かと思います。どの程度の支配が存在したのかはわからず、出雲文化の影響を受けていたというくらいがふさわしいのかもしれません。が、ともあれ二世紀以前の倭国では出雲系の勢力がそうとう範囲に及んでいたことはたしかで、山陰から北陸にかけての日本海側、近畿、瀬戸内の一部、紀州のほうまで広がっていたようなのです。

そのように想像するいちばんの根拠は信仰です。大和最大の甘南備《かんなび》である三輪山にオオクニヌシ（オオモノヌシ）が宿り、葛城山麓の一帯にその子神のアジスキタカヒコネ、コトシロヌシ（ヒトコトヌシ）、シタデルヒメ、妻のタギリヒメなどが祀られていること――、これはやはり重要と感じます。三輪山と葛城山はともに大和盆地ののど元を扼《やく》す交通の要衝です。土地の支配者は入れ替わることはあっても、このような場所の神様が容易にすげかわることは考えにくいでしょう。

考古学的な理由もあります。弥生時代において、九州地方は銅鉾《どうほこ》、銅剣の出土が多く、大和や出雲は銅鐸《どうたく》の出土が多いことで知られていますが、銅鐸は辰韓《しんかん》（のちの新羅《しらぎ》）から出雲に入ってきて、のちに大和へ伝わった公算が高いようなのです。

海を挟んだ大陸と日本の地理を考察すれば、出雲は朝鮮半島の中でも東側の国（人々）と結ばれやすかったであろうと想像できます。半島の南や西から対馬、壱岐を経由して北部九州に至った定番の航路とは異なるルートがとられていたのではないかと思います。

考古学者の佐原真《さはらまこと》氏によると、銅鐸はもともと小型の馬の鈴で、次第に大型化して祭祀の呪具になったそうです。『日本書紀』の一書によると、出雲の祖神のスサノオは子のイタケルとともに新羅からやってきたとあります。馬の鈴である銅鐸と、馬にかかわりの深いスサノオのイメージがつながります。

もう一つ注目すべきは、大和の銅鐸が二世紀の終わりごろ相次いで破壊され、土中に埋められていることです。副葬品として扱われたのではなく、壊されて棄てられたそうです。それ以後、祭祀の呪具は「鏡」に変わります。古代史学者の三《み》品《しな》彰《しょう》英《えい》氏が言われる、地的宗儀《しゅうぎ》（銅鐸）から天的宗儀（鏡）への転換です。

してみると、このとき大きな支配構造の変化があったと考えられます。つまり、鏡を持ち込み、銅鐸を壊した人々が、大和に「後からやってきた人々」です。これもまた一種の「神武東遷」であり、また、「出雲の国譲り」といえるのではないかと思います。纒向遺跡が形成されはじめるのも、まさにこの二世紀末です。

では、この人たちは何者なのでしょう。と、問うならば、それは騎馬民族云々と特別な推測をするまでもなく、おそらく朝鮮半島からふつうにやってきた弥生人ではないでしょうか。ただし、かなりまとまった人数と強さと文化を持った集団ではあったかもしれません。もう少し限定するならば、伽耶《かや》の人々で（あるいは伽耶を経由してやってきた人々）、九州はすでに飽和状態だったため素通りし、より東のフロンティアを目指して瀬戸内海を東へ、東へと進んできたのではないかと思います。

と言うとなんらドラマチックではありませんが、ここにことさらな物語がつき、ことさらな名前がつくと、「天孫族」などという特別なものに変身したりするのでしょう。

その彼らはその後五十年か百年かのあいだに周辺国や周辺豪族（たとえば尾張《おわり》、伊勢《いせ》、吉《き》備《び》、河内《かわち》など）と戦ったり和睦したり同盟したりして強大になり、三世紀の末ごろ、その中から最終的にリーダーとしてもっともふさわしいミマキイリヒコという人が、みなに推《すい》戴《たい》されて大王（崇神天皇）になったのではないでしょうか。とすると、同じく連合国家だった邪馬台国のできあがり方と、シナリオはあまり変わらないような気もします。

いま尾張、伊勢、吉備などの名をあげたのは、纒向遺跡から出土する土器に、これらの地域のものがたくさん混じっているからです。

といったところが、九州、大和、出雲と邪馬台国に関して、私が現時点で想像していることです。

もう一つつけ加えれば、大和と出雲との諍《いさか》いは一度で決着したわけではなく、かなりの年月をかけて、取ったり取られたりが繰り返されたのではないでしょうか。

記紀の崇神天皇の条には、双方の不和を思わせる逸話が多く載っています。三輪山の蛇神と大和王権の皇女の倭迹迹日百襲姫《やまとととびももそひめ》が不穏な逢瀬を繰り返したという箸墓《はしはか》伝説、アマテラスの御霊《みたま》と倭大国魂《やまとのおおくにたま》を宮中でともに祀ることができないため、アマテラス神をいつき奉る場所をよその土地に探したという伊勢神宮の起源譚などなど。

このあたりの確執を、私は『高天原《たかまのはら》——廐戸皇子《うまやどのみこ》の神話《かみばなし》』という小説の中で、スサノオとアマテラスの異様な愛憎関係に重ねて書いたことがあります。イメージ重視の作品ではあり、廐戸皇子の想像というフィクショナルな設定をとったこともあって、ここで述べていることと必ずしも一致しないのですが、大和と出雲のいわく言いがたい所以《ゆえん》は表現したつもりです。

繰り返される神武東遷

邪馬台国のその後については、次のように考えます。

歴史上の邪馬台国は、卑弥呼の跡を台与《とよ》（壱与《いよ》）が継いでいくばくか経った三世紀後葉、南の熊襲《くまそ》（『魏志倭人伝』にいうところの狗奴国《くなこく》）に敗れて滅んだのではないかと想像しています。であるとすれば、その後の九州では、なおのこと熊襲の力が強くなったはずです。

一方、同じころ大和に成立した三輪王朝の大王たちは、勢力拡大のために東奔西走したようです。記紀によると、崇神天皇は諸国に四道将軍《しどうしょうぐん》を派遣し、二代のちの景行《けいこう》天皇（オオタラシヒコ）も九州に遠征し、その息子のヤマトタケルもたたみかけるように援軍に赴いています。

邪馬台国のライバルだったくらいですから、熊襲はそうとう手強かったでしょう。武力制圧だけでなく、婚姻を含む慰撫《いぶ》もかなり行われたのではないかと想像します。

こうした和平交渉の記憶がのちに神話に投影され、「日向の神話」——天孫ニニギが南九州の高千穂へ降りたのち、三代かけて現地の海の民や山の民と結んだという話——が形成されたのではないかと思ったりします。神話では、この三代のちにカムヤマトイワレヒコ（神武天皇）が大和へ東遷することになっています。

古代世界では、先進的な文物はつねに西から東へ進みます。物だけでなく、人の流れもそうです。したがって、「神武東遷」とは、神武天皇という人物が行った一度きりの行軍ではなく、西から東へ波状的に繰り返された人々の大移動、あるいは何度も行われた軍事遠征の痕跡が、象徴的な物語として再構築されたものなのではないでしょうか。

その意味では、次章に登場する神功皇后《じんぐうこうごう》と応神天皇《おうじん》の朝鮮半島からの凱旋《がいせん》も、一つの「神武東遷」だと思います。

英雄ヤマトタケルの物語

では、最後に、いま名前があがったヤマトタケルについて少し触れ、この章を終わることにいたします。

ヤマトタケルは三輪王朝の軍事行動における最大の英雄で、記紀神話の中でもかなり多くの紙数を割いて語られています。

活動が多岐にわたるため、複数の武人を一つの人格にまとめたものではないかと見る向きもあります。そうかもしれません。が、実在と考えてもよいと思います。

不明な点も少なくないのですが、神話の人物にありがちな齟齬《そご》や矛盾は比較的少なく、感情移入もしやすいように感じます。猛々《たけだけ》しい武勲の側面と悲劇的要素を兼ね備え、英雄の条件にかなっています。

ただし、『古事記』と『日本書紀』とでは、かなり描かれ方が違います。『古事記』では、ヤマトタケルの父の景行天皇は横暴な人物で、源 義経《みなもとのよしつね》を恐れる兄の頼朝《よりとも》よろしく、強すぎるわが子を恐れ、なかば厄介払いのように、西の熊襲征伐に向かわせます。無事に凱旋すると、休む間もなく東の蝦夷《えみし》討伐に遣わします。ヤマトタケルはこれも平らげて帰路につくのですが、伊吹《いぶき》（現在の岐阜県と滋賀県の県境の山）で重傷《ふかで》を負ってしまいます。そして、懐かしい故郷を胸に描きながら哀しい白鳥の魂となり、能褒野《のぼの》から河内を経てあの世へ飛び去るのです。

傷ついたからだで鈴鹿《すずか》の山中をさまよいながら、「やまとは　国のまほろば　たたなづく　青垣《あおかき》　山ごもれる　やまとしうるはし」と望郷の歌を詠むくだりは、二千年の時を超えて涙を誘われます。

一方、『日本書紀』のほうは親子の相克《そうこく》などが強調されることはあまりなく、父親の景行天皇はみずから軍を率いて筑紫遠征に出かける勇敢な大王として描かれています。ヤマトタケルも父王によく尽くす孝行息子です。全体的なトーンはかなり異なります。

一般に、抒情的な『古事記』版を好む人が多いようですが、『日本書紀』の精細な内容もおもしろいと個人的には感じます。

小説の題材としても人気があり、たくさんの作品になっています。以下にまとめて紹介します。

梅原猛さんの『ヤマトタケル』は、スーパー歌舞伎の脚本の一作目として、『オオクニヌシ』より前に書き下ろされました。梅原さんはもともと『古事記』派なので、哀感強めの描き方になっています。ご本人によると、脚本を書くための人物造型は、ヤマトタケルよりオオクニヌシのほうが格段に難しかったそうです。

安彦良和さんも『ヤマトタケル』を描かれています。下敷きとなっているのは小椋一葉《おぐらかずは》

諸星大二郎『暗黒神話』（集英社文庫）

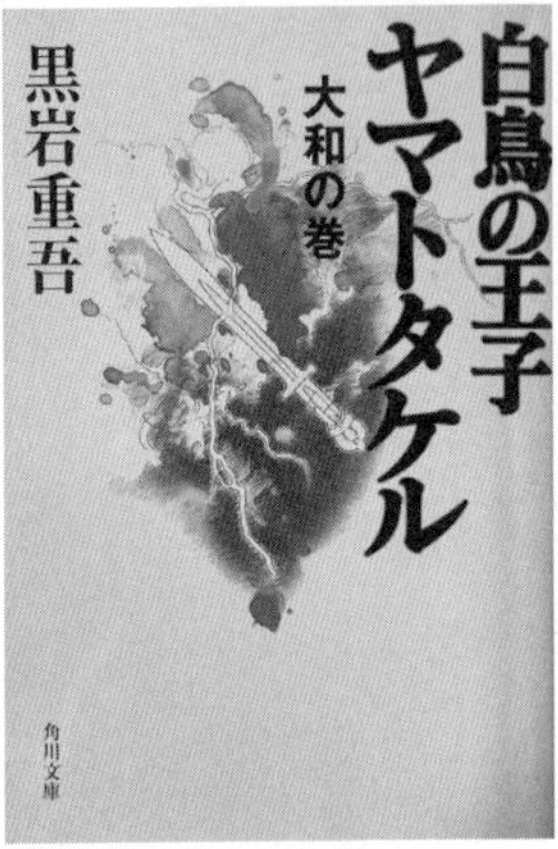

黒岩重吾『白鳥の王子 ヤマトタケル』大和の巻（角川文庫）

さんの著書『天翔《あまがけ》る白鳥《しらとり》ヤマトタケル』で、ひねくれたところのない、天真らんまんな人物像が魅力です。『ナムジ』『神武』のあと百年ほどの空白はありますが、続編として読んでみるのもおすすめです。

　ヤマトタケル小説の決定版といえるのは、黒岩重吾《くろいわじゅうご》さんの『白鳥《はくちょう》の王子《おうじ》　ヤマトタケル』シリーズです。黒岩さんは筋金入りの『日本書紀』派なので、そのぶん盛り込まれている情報も膨大で、青少年時代の「大和の巻」から、九州の川上建《かわかみのたける》との闘いを描いた「西戦の巻」（上・下）、焼津《やいづ》、走水《はしりみず》、筑波《つくば》などの逸話でおなじみの「東征の巻」（上・下）、そして、長い遠征から凱旋するも、むなしく最期を迎える「終焉の巻」まで、全六巻の超大作です。

この他、ヤマトタケルものに加えてよいか迷いますが、思いきった変化球としては、諸《もろ》星大二郎《ほしだいじろう》さんの『暗黒神話《あんこくしんわ》』があります。

主人公は武蔵野に住む少年の武《たけし》で、オリオン座の形の聖痕《せいこん》をからだに持ち、永遠に時を旅しながら、何千年かに一度ずつ地上のすべてを暗黒に陥れる破壊神スサノオ（馬頭星雲《ばとうせいうん》の呪い）と戦います。古代神話、神道、密教、インド仏教、西洋占星術などの要素が渾然《こんぜん》一体《いったい》となって、武内宿禰《たけうちのすくね》（本作では「たけしうち」）、熊本の菊池彦《きくちひこ》、弟橘姫《おとたちばなひめ》といった人物がモザイクのように交錯する、ぶっ飛んだ一冊です。

正統派のヤマトタケルを読んだあとには、このような作品も頭に新風が吹き込んでよいかもしれません。

さて、国土の西の果てから東の果てまで、命を削って駆け抜けたヤマトタケルですが、その労は結局あまり報われることなく、三輪王朝は先細り、子の仲哀《ちゅうあい》天皇（タラシナカツヒコ）のときに終焉します。

時代は海路と河内を活動拠点とする新しい王朝へと移り変わっていきます。

第三章　応神天皇はどこから来たか

——河内王朝と朝鮮半島

大和なのに、なぜ河内か

三輪《みわ》山のふもとに営まれた初期王権「三輪王朝」は、四代目、五代目と進むうちに衰微《すいび》し、四世紀末には次なる勢力に取って代わられることになりました。新しい王権は俗に「河内《かわち》王朝」と呼ばれ、始祖とされているのは応神《おうじん》天皇(ホムダワケ)です。天皇系図では十五代に当たり、二十五代の武烈《ぶれつ》天皇(オハツセノワカサザキ)のときに継嗣《けいし》が絶えるまで続きました。期間にして、六世紀初頭までの百年余りです。

河内――とはいっても、必ずしも河内(現在の大阪府一帯)が都となったわけではありません。伝承によると、歴代大王の多くが磐余《いわれ》、初瀬《はせ》(ともに桜井市)、石上《いそのかみ》(天理市)など大和盆地の南東部に宮をいとなんでおり、三輪王朝の中心地だった纒向《まきむく》遺跡(箸墓《はしはか》古墳など)や柳本《やなぎもと》古墳群(崇神《すじん》天皇陵、景行《けいこう》天皇陵など)のあたりから大きく動いてはいないのです。

にもかかわらず、なぜ河内王朝と呼ぶのかといえば、河内に造営された陵墓に特徴があるからです。古市《ふるいち》古墳群にある応神天皇陵(羽曳野《はびきの》市)、百舌鳥《もず》古墳群にある仁徳《にんとく》天皇陵(堺市)などは、墳丘長が四百メートルを超える超弩級《ちょうどきゅう》の前方後円墳です。古市と百舌鳥の古墳群は近ごろ「世界文化遺産」に指定されましたので、威容をご存じの方も多いと思

世界遺産の古市古墳群。左が応神天皇陵とされる誉田山古墳（羽曳野市）

います。

この時代になると、前代に比べて人流も物流も盛んになり、瀬戸内海を中心とする海上交通もぐんと発展しました。ゆえに、港湾に近い河内の重要度はかなり高くなっていたと思われます。防衛上の観点から平時の活動拠点は内陸の大和に置かれたのでしょうが、水際にも副都的な機能が求められはじめていた可能性があります。人口の増加にともない、農地や住地の開発も鋭意進められたことでしょう。

当時の大阪湾周辺は、標高の高い難波之《なにわの》碕《みさき》（上町《うえまち》台地）が半島状にせり出していた以外は潟《かた》になっているところが多く、生駒《いこま》山地の裾《すそ》近くまで船が進入できたそうです。

とすると、海路大和を目指してやってきた人々は、上陸の玄関口のところでばかでかい建造物に迎えられたわけで、さだめし目が釘づけになったのではないでしょうか。

そのように考えると、大王たちの巨大墳墓は新しい王権の強さと豊かさをよそ者に見せつけるための、戦略的なモニュメントであったのかもしれません。

河内王朝はかくのごとく大和盆地と河内平野との往来が重視されたので、数ある豪族の中でも両地をつなぐ要衝の葛城《かつらぎ》（現在の葛城市、御所《ごせ》市一帯）を地盤とする葛城氏が最有力の氏族となりました。

一族の始祖とされる葛城襲津彦《そつひこ》の娘イワノヒメが仁徳《にんとく》天皇（オオサザキ）の皇后となっているほか、たくさんの女人が大王家に入りました。仁徳天皇の子の履中《りちゅう》天皇（イザホワケ）にはクロヒメが、履中天皇の子のイチノヘノオシハ皇子にはハエヒメが、また雄略《ゆうりゃく》天皇（オオハツセ）にはカラヒメがきさきとなっています。大王の閨《ねや》に娘を捧げ、所生の子が次期大王になることによって一族が興隆するありようは、のちの藤原氏を思わせます。

この章では、そんな河内王朝の百年を眺めていくことにします。

神功皇后とは何者か

最初から結論めきますが、この時代もまたわからぬことが多く、とりわけ王朝の始まりの経緯はかなり厄介《やっかい》です。

微妙な問題をはらんでいるせいもあってか、小説の舞台としてもあまり人気がなく、少し前のヤマトタケルが引く手あまたなのと対照的なのですが、そんな中に一つ、闇夜を照らす星のような作品があります。黒岩重吾《くろいわじゅうご》さんの『女龍王《じょりゅうおう》　神功皇后《じんぐうこうごう》』です。

神功皇后とは、十四代仲哀《ちゅうあい》天皇（タラシナカツヒコ）の妻にして応神天皇の母であり、湖北の豪族息長《おきなが》氏の首長と葛城氏の母のあいだに生まれたとされる女性です。嫁ぐ前の名はオキナガタラシヒメ（本作では息長姫）といい、霊力にすぐれていたといわれています。

まずはこの人物について、記紀に記されていることから述べます。

夫の仲哀天皇はヤマトタケルの子で、前大王である叔父の成務《せいむ》天皇（ワカタラシヒコ）に男子がなかったため跡を継ぎ、オキナガタラシヒメを皇后としました。その後、南九州の熊襲《くまそ》に叛逆《はんぎゃく》の気配が見えたので征討に出かけ、成果があがらぬまま世を去りました。このとき皇后も遠征に同道していて、神々から「熊襲よりも新羅《しらぎ》を討て」とのお告げを受けたのに、聞き入れなかったので神罰がくだったのだといいます。

神功皇后は夫亡きあと身重《みおも》のからだで朝鮮半島へ渡り、新羅を平らげ、さらに百済《くだら》、高《こう》句麗《くり》までも従え、帰国後に身二つとなりました。この赤子が応神天皇（ホムダワケ）です。『古事記』では、応神天皇は仲哀天皇の子ではなく住吉神の子と匂わせる書き方をしています。

皇后には審神者《さにわ》かつ参謀《さんぼう》として、忠臣の武内宿禰《たけうちのすくね》が終始寄り添います。皇后は赤子のホムダワケとともに瀬戸内海を東上し、敵対勢力（仲哀の先妻の子たち）を攻め降《くだ》し、磐余若桜宮《いわれのわかざくらのみや》に入ります。そして、わが子を皇太子に立て、百歳で崩ずるまで政務を執りました。

といったところが概略です。

この一連の逸話をどうとらえるかについては、研究者のあいだでも意見が分かれているのですが、仲哀天皇、神功皇后ともに架空の存在とみる向きが強いです。

その理由は、まず仲哀天皇の所伝が極端に少なく、影が薄いためです。大和に宮もなく、遠征先の穴門《あなと》（山口県）と橿日《かしい》（福岡県）の行宮《あんぐう》（仮の宮）のことが記されているだけなのです。たしかに、歴代天皇の中で時の都に宮を持たなかったのはこの人のみですから、括弧《かっこ》つきの大王だったことが暗示されているように感じます。大王が存在しなかったなら、当然、皇后も存在せぬことになります。

しかし、そうなると応神天皇はいったいどこから湧いて出たのかという話になり、そこに例の「騎馬民族征服王朝説」などがつながってくるのです。これについてはあとで触れます。

神功皇后の所伝の中でとりわけ問題視されているのは朝鮮半島への外征——、いわゆる「三韓征伐」です。正直のところ、この件の取り扱いが難しいため、作家たちからテーマとして敬遠されていることは否定できません。

記紀では、皇后の人徳が非常に優れていたため三韓の王たちはみな心酔し、戦わずして臣下の礼を取った、と言葉を尽くして述べています。むろん、そんなことがあるはずはなく、八世紀の編纂者による作文です。しかし、一部ではこれが真実として信じられ、明治以降に日本が進出していく根拠ともなったのです。

『日本書紀』の神功皇后条には、その他にも皇后が使者を遣わして半島攻略に注力したといった類の記事がしばしば見られます。その多くは内容の不分明、年代の不整合などにおいて疑問符のつくものが多いのですが、だからといって、すべてを絵空事と切り捨ててしまうのも早計かもしれません。

たとえば、「高句麗広開土王碑《こうかいどおうひ》」というものがあります。高句麗の国王である広開土王

一九二〇年代の採拓と考えられる広開土王碑拓本（九州国立博物館蔵）ColBase(https://colbase.nich.go.jp)

（好太王《こうたいおう》）がみずからの戦歴を顕彰するために四一四年に鴨緑江《おうりょくこう》のほとり（現在の中国吉林《きつりん》省《しょう》と北朝鮮の国境付近）に建てた石碑で、倭人とのあいだに繰り広げられた戦いのことが記されています。文字の欠損もあり、漢文でもあるので文意の解釈が難しいのですが、三九〇年代から四〇〇年代初にかけて倭人が攻勢を強め、新羅や百済を侵したため、高句麗が撃退したとあります。

つまり、神功皇后が、とは言わぬまでも、当時の倭人の誰か——海賊的な人々か、半島南部の伽耶《かや》の倭人か、はたまた北部九州の集団か——が、このころの朝鮮半島で盛んに戦っていたことは事実であるわけです。

ここで、四世紀末から五世紀ごろの朝鮮半島の勢力地図について少々述べておきます。かつての邪馬台国のころは、北のほうに高句麗があり、中西部に魏《ぎ》領の楽浪郡《らくろうぐん》や帯方郡《たいほうぐん》があり、南部に三韓（馬韓《ばかん》、弁韓《べんかん》、辰韓《しんかん》）があり、弁韓の海岸沿いに伽耶諸国がありました。これらは三世紀半ばごろより変貌し、馬韓から百済が生まれ、少し遅れて辰韓が新羅に発展し、弁韓は伽耶諸国に吸収されました。

図3-1　4世紀末ごろの朝鮮半島

一方、大陸の中原《ちゅうげん》では西晋《せいしん》が滅亡して東晋と五胡十六国《ごこじゅうろくこく》の時代が始まります。さらに東晋が宋に取って代わられ、南北朝の時代に入ります。

この混乱に乗じて高句麗がすさまじい勢いで版図を広げはじめ、燎原《りょうげん》の火のように半島の南部にも迫ってきました。このため新羅、百済、伽耶は生き残りをかけて同盟したり、離反したり、戦々恐々となります。

倭国はもともと伽耶と近しかったのですが、伽耶を通して百済とも友好関係を結びました。一方、新羅とは反目することが多く、微妙な国際関係がその後も長く続きます。

聖母子による「神武東遷」

長い前置きになりました。では、黒岩さんの『女龍王　神功皇后』にいきましょう。

じつは、私はこの本にはちょっとした思い出があるのです。それは西暦二〇〇〇年が近づいたあるときのこと。作家の永井路子《ながいみちこ》さんとさる雑誌で対談させていただく機会があり、その折、刊行されたばかりだったこの本の話題になったのです。当時、ジャンルを定めぬライターだった私は古代史などにはまったく詳しくなく、神功皇后についても初めて知ったので、目からうろこが落ちるほどおもしろく、感動もし、かなり熱を入れて内容の説明をしたように記憶しています。

永井さんはときおり質問をはさみながら熱心に聞いてくださったのですが、話が終わったあと、「私はこの人（神功皇后）は嫌いです」と、ぴしゃりとおっしゃったのです。いつも柔和で、きついことは決しておっしゃらない先生なので、私は驚き、叱られたような気がしてシュンとなったのでした。

その後、遅まきながらいろいろ調べ、戦前の史観をご存じの方には神功皇后はかなりの嫌悪感をもよおさせる人物なのだと知りました。

それから四半世紀近くたちますが、この皇后を主人公とした新作にはいまだにお目にかかりません。つまりそれほど忌避《きひ》されているわけで、逆から見れば、黒岩さんがいかに果敢な挑戦をされたかがわかるのです。

多作で知られる黒岩さんですが、勇気に敬意を表するという意味でも、個人的には著書の中でももっとも推したい一冊です。

黒岩重吾『女龍王　神功皇后』（新潮社）

黒岩さんは『日本書紀』を重視されているので、本作も基本的には書紀の内容にのっとっているのですが、その上に新たな視点や解釈がふんだんに盛り込まれ、独創性の高いものになっています。

とりわけ注目したいのは以下の三点です。

まず、神功皇后の生い立ちの設定です。

『日本書紀』は息長宿禰王《おきながのすくねおう》（本作では宿祢王）と葛城高額媛《かつらぎのたかぬかひめ》の娘としていますが、黒岩さんは高額媛とひそかに愛しあうムジナ（建人《たける》）という同族の若者を登場させました。媛は息長氏に輿入《こしい》れする直前、龍神に取り憑かれ、神がかりの状態で建人と交わり、息長姫（のちの神功皇后）を身ごもるのです。

高額媛が嫁《か》したのち、建人は日向《ひむか》へ渡り、十数年後、航海中に遭難して越《こし》の敦賀《つぬが》へ漂着します。そこで、折しも当地の海神に仕えていた息長姫と再会します。

息長姫は不思議な流れ者の建人に恋心を抱きますが、じつの親子であると知って想いを断ちます。建人は忠実無比の宰相として、終生わが娘に仕えることにします。この建人こそがのちに名を変え、武内宿禰（本作では建内宿称《たけのうちのすくね》）となるのです。

建人にはもう一人、日向時代に生《な》した渦刺《うずさし》という息子がおり、こちらは葛城氏の始祖（氏族をまとめた中興の祖）の葛城襲津彦《そつひこ》となります。

二つ目は、仲哀天皇の死後、神功皇后が新羅を攻めなかったことです。この点が黒岩さんのもっとも配慮されたところだと思います。

一般に、神功皇后は、「熊襲よりも、西方にもっと素晴らしい金銀財宝に満ちた国がある」との神託が下ったため、朝鮮半島に渡ったといわれます。しかし、黒岩さんはそう簡単には話を運ばず、建人に存分に知略を発揮させます。

「熊襲を攻撃するな」という神託は、仲哀天皇の失策によって失われた南九州勢の信頼を取り戻すために使われます。一方、北部九州勢は伽耶と一衣帯水《いちいたいすい》で、たびたび領土を侵す新羅に反感を持っているので、新羅を討つと匂わせて首長らを糾合《きゅうごう》します。かくして、九州の南と北がまとまったところで、にわかに方角を変え、「攻めるべき敵は大和にあり」と、光る神の矢を射るように、東向きに託宣を発するのです。

すわや新羅攻めが始まるかと思わせておいて、一転、聖なる赤子を擁した大船団が東へ流れ出す光景には、なにか鳥肌が立つような迫力があります。

三つ目は、物語の中に「日向」という土地の要素を巧みに混ぜ込んだことです。

記紀神話の仲哀天皇、神功皇后のくだりには、敵対する熊襲を討つという要素はありますが、それ以上南九州への深入りはありません。しかし、本作では建人と渦刺を長いあいだ日向に住まわせ、当地の諸県王《もろかたおう》の重臣として過ごさせます。

そのことが後々に効き、彼らは南九州勢を味方につけるための交渉人《ネゴシエイター》として存分に活躍するのです。

建人の子の渦刺が賜る襲津彦という名の「襲」は、熊襲の襲であるそうです。つまり、

「熊襲《くまそ》の海の男」という意味です。

なぜ黒岩さんが日向にこだわったかといえば、応神天皇の大和入りを「神武東遷《じんむとうせん》」のモデルと見なしているからです。であるならば、その出発地点は北部九州ではなく、ぜひとも日向でなければならないでしょう。

加えてもう一つ言うならば、仲哀天皇のキャラクターがおもしろいです。粗雑で、単細胞で、美しく賢い皇后に最初から最後まで翻弄《ほんろう》される亭主殿です。赤子（応神天皇）も自分の種ではなく、妻が神と交わって授かった子なのに、それもご存じない。一種のコキュといえましょうか。このような憎めない暴れん坊の人物造形は黒岩さんの作品の中でも出色《しゅっしょく》のような気がします。

応神天皇と朝鮮半島

では、先ほど言いさしになった、応神天皇はどこから来たかという点について、私自身が考えているところを述べたいと思います。

仲哀天皇から神功皇后、応神天皇にいたる神話には、かなりの作為が含まれているように感じます。そもそも大王みずからが九州に出張《でば》っていって、都を長いあいだガラ空きにしたことも不自然ですし、熊襲を討つはずだったのに、途中から目的が三韓征伐にすり替わってしまうのも不自然です。そのうえに大王がタイミングよく死に、入れ代わりのように妻が聖なる赤子を生むのも都合がよすぎます。

そこで、神話のまわりにごちゃごちゃとまとわりついているものを一つずつ剝がしていくと、結局、底のところに残るのは、

・内乱により、大和の大王が不在になった。
・朝鮮半島で倭人を含めた戦乱があった。
・新たに抜きんでた主導者が現れた。

という、たった三点のような気がします。

当事の倭国では、王朝が衰微して後継者がいなくなっていました。あるいは後継者が絶えたために王朝が風前《ふうぜん》の灯《ともしび》となっていたと言ったほうが正しいのかもしれません。一方、朝鮮半島には高句麗の急激な拡大にともなう混乱状態があり、倭列島へ想像以上の大移動があった。その中に非常にすぐれた王子のような人物がいて、人民を束ねる力を持ってい

た。これが、応神天皇と呼ばれる新しい大王が誕生することになった素地なのではなかろうかと想像します。

その際の朝鮮半島側の蛇口は、やはり伽耶でしょう。伽耶は新羅や百済と違って統一国家の体《てい》をなしていない小国群だったので、さまざまな目的、さまざまな理由を持った人々が流れ込み、行ったり来たりを繰り返す大動脈になりやすかったのです。

加えて言えば、このたびの渡来の波は北方の扶余《ふよ》族などの影響を受けた、騎馬民族文化の色濃い人々だったと推測します。五世紀の古墳からしばしば馬具の類が出土するからです。

しかし、朝鮮半島南部にまで下りてきていた扶余族は、生活習慣などもかなり農耕民族化していたらしいので、チンギス・カン率いるモンゴル軍のようなものをイメージしたり、騎馬軍団が怒濤《どとう》のごとく押し寄せてきて、倭国が薙《な》ぎ倒されたかのように想像したりするのは違うと思います。

少々先走った話になりますが、応神天皇以降の河内王朝の大王たちは、同時代の中国南朝の宋《そう》の史書である『宋書』「倭国伝」に、讃《さん》、珍《ちん》、済《せい》、興《こう》、武《ぶ》という名で登場します。いわゆる「倭《わ》の五王《ごおう》」です。彼らが日本でいうところの誰に相当するかはやや意見が分かれるのですが、応神の子である仁徳天皇から、履中、反正、允恭、安康、雄略までの六代のうちの五人と考えられています。

彼らは五世紀の約百年のあいだに十回ほども朝貢しており、目的は朝鮮半島における軍事的優位を獲得することでした。「使持説《しじせつ》・都督倭百済新羅任那秦韓慕韓六国諸軍事《ととくわくだらしらぎみまなしんかんぼかんろっこくしょぐんじ》・安《あん》東大将軍《どうだいしょうぐん》・倭国王《わこくおう》」などという長々しい称号の承認を求めたりしています。おそらくすでに存在しないはずの秦韓（辰韓）、慕韓（馬韓）を混ぜ込んで数を増やしているあたりは、逸《はや》りすぎていて苦笑を誘われます。

むろんこれらの要求がそのまま通ったわけではなく、「安東将軍・倭国王」のみに省略されたり、ずらりと並んだ国名の中から百済だけはずされたりしているのですが（百済は百済で宋に朝貢しているので当然です）、大国の宋からお墨つきをもらうことは、名誉的称号にすぎぬとしても東アジアの国際社会の中では有効だったのでしょう。

こうした文章に触れると、先ほどの神功皇后の伝説と同様、当時の倭国が意気揚々と外征を繰り返していたような印象を、つい抱かされます。けれども実態は異なっていたのだろうと想像します。というのも、当時の大和王権が大軍を徴発し、船団を組織し、海の向こうの国々を攻略しにいくような国力を持っていたとは考えにくいからです。

では、これらの記事はなにを意味しているのかといえば、彼らが朝鮮半島出身者としての利権を意地でも手放すまいとしていたことの表れなのではないかと思います。ふるさとへの未練と言ってもいいかもしれません。

海の向こうからこちらへ渡ってきた人々を、「渡来人」と称しますが、そのすべてが一族根こそぎ移動してきたとは限りません。現実には、生き残りをかけて親兄弟が二手に分かれ、半分は海を渡り、半分は故地にとどまるといった形も多かったでしょう。その場合、倭国にやってきた人々は心の中で向こうに残してきた肉親を慕いつづけたでしょう。ふるさとを離れて日が浅いほど、望郷の念も強かったと思います。自身はせっせと新天地を開拓しながら、実家の者たちにも、代々続いてきた家屋敷をなんとか守ってくれと願ったに違いありません。

してみると、四～五世紀の朝鮮半島で新羅や高句麗と戦った倭人とは、このように、倭国と朝鮮半島の両方に片足ずつかけていた人たちだったのではなかろうかと想像したりします。それを、あとからことさらに外征将軍や外交使節のように表現したのかもしれません。

といったあたりが、このころの倭国の朝鮮半島への異様な執着の正体のような気がします。

ちなみに、松本清張さんは当時の倭国の対外的な記事にしばしば登場する氏族、すなわち、葛城、平群《へぐり》、紀《き》、巨勢《こせ》などは伽耶の土着豪族で、応神天皇とほぼ同じ時期に渡ってきたのだろうと推測しておられます。ここに少し遅れて蘇我《そが》が加わるのですが、そう考える理由は、彼らが全員、大本となる祖先を武内宿禰としているからです。これは興味深く、納得できる説明と感じます。

武内宿禰というのは典型的な架空の人物だと思いますけれども、いうなれば、この時期の渡来集団を総称する名札《インデックス》のような存在なのではないでしょうか。

DNAが物語るもの

話が飛躍ぎみになってきましたが、渡来人に関する話題をもう少し続けます。

われわれは、日本人のルーツを考えるとき、しばしば「縄文人」「弥生人」という言い方をします。そして「弥生」という言葉から、その流入は弥生時代（〜三世紀）までに終わったようなイメージを抱きがちです。しかし、じっさいの渡来の波はいま述べたように、弥生時代が終わり、古墳時代（〜六世紀）に入っても、何波も何十波も、ことによると何百波も続いたのです。

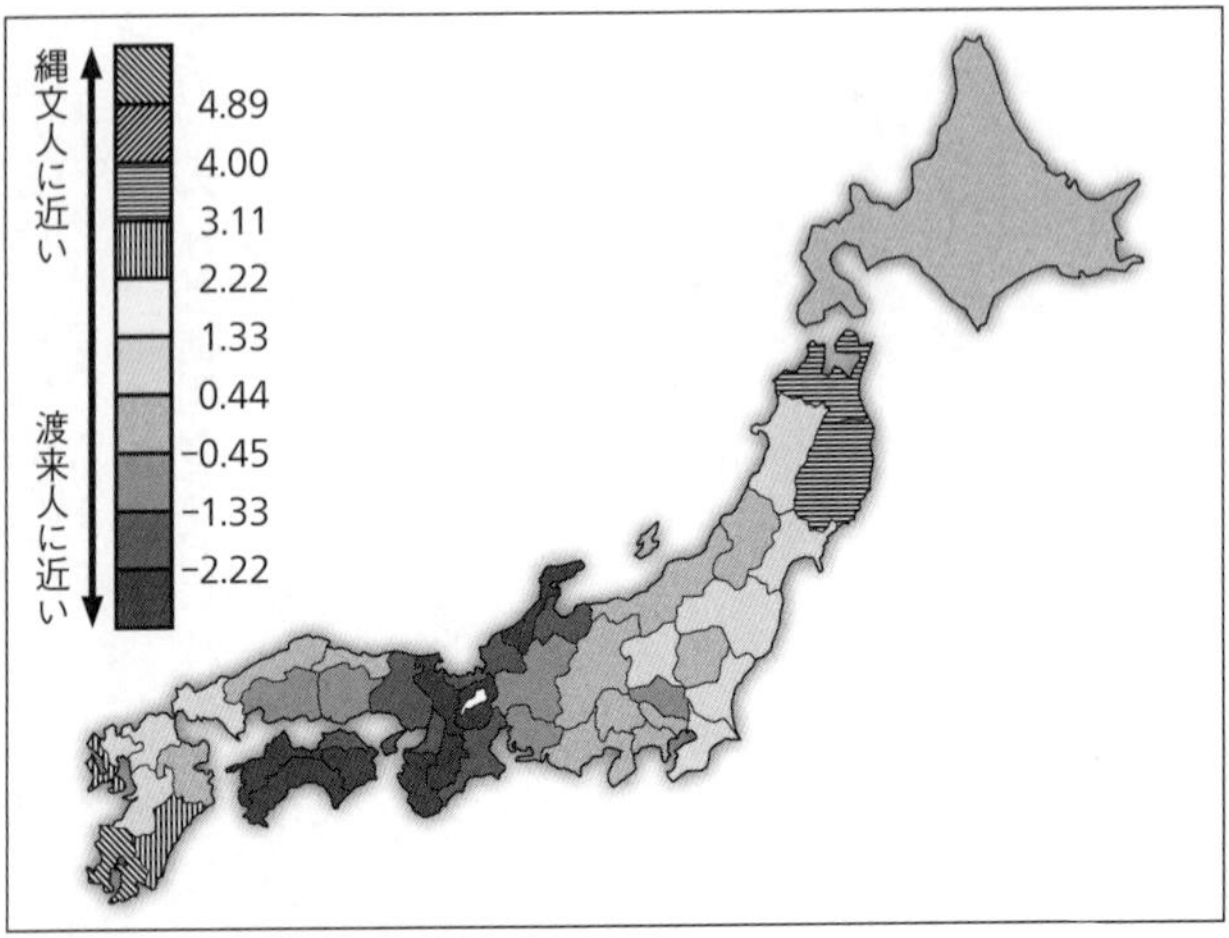

図3-2　沖縄県を除く現代日本人のゲノム比率
(『日経サイエンス』2021年8月号より)

現実に、古墳時代に倭列島の人口は爆発的に増えているそうです。かつてはそれを水稲農業の発展による食糧生産の増大で説明しようとしたりしたのですが、それだけでは追いつきません。となると、人間そのものが大量に移動してきたという以外に理由は考えられぬわけです。

日本人のＤＮＡ研究をされている篠田《しのだ》謙一《けんいち》氏も、現代日本人のＤＮＡに近い形が完成するのは古墳時代であるとおっしゃっています。本土人（沖縄、北海道以外）の全ＤＮＡにおける縄文人の割合は、わずか一、二割でしかないそうです。

最近、『日経サイエンス』の「ヤポネシア」という特集でおもしろいデータに出会いました（二〇二一年八月号）。全国の現代日本人のゲノム比率を都道府県別に解析し、縄文人、渡来人のどちらに近いかを比較したものなのですが、これを見ると、畿内は予想どおり渡来人由来のゲノム比率が高率です。ところが、朝鮮半島ともっとも近しかったと思える北部九州の比率は、意外なことにあまり高くありません。南九州に至ってはもっとも低いレベルです。

これはなにを意味するかというと、朝鮮半島から倭列島へやって来た人々は、一般にイメージされているほど九州には長くとどまらなかったということです。

むろん、渡来の初期は倭国の入り口である北部九州に居を定め、そのためそこに先進的な文化が花咲いたのでしょう。しかし、案外早く居心地の悪い状態が訪れたのではないでしょうか。人間が過密になれば摩擦も増え、争いも起きやすくなります。それを避けるため、以後の人々はより手つかずで人口密度の低い土地を他に探し、その果てに大和盆地に最高のおさまりどころを見つけたのでしょう。

もともと朝鮮半島には、王者は天から降ってきた日輪の子であるという考え方があります。このことも心情的に相俟《あいま》って、日の昇る方角である東へ、東へとフロンティアを求めていったのかもしれません。

以上のような理由において、南九州と皇統とのつながりは、あまり濃厚に考えぬほうがよいのではないかという気が、個人的にはしています。たしかにわが国の神話では、天孫《てんそん》族《ぞく》は高天原から日向《ひむか》の高千穂《たかちほ》に降臨したことになっています。だからといって、天皇家の原点がそこにあるかのようにみなすことには、あまり同意できないのです。先の章でもそれに類することを述べましたが、これがその根拠です。

誤りを恐れずにもっと言ってしまえば、この国のルーツを海の向こうに求めたくないがために、八世紀の記紀編纂者が自領のうちのもっとも端っこの土地に、新たなる始原の舞台を設定したのではないかと想像したりします。日向が東の大海原に日の出を望む地理であることも、創世神話にそぐわしかったのかもしれません。

とはいえ、DNAと渡来人の問題だけで、この国の始まりの謎がすべて解けるわけではありません。まだまだわからぬことがたくさんあります。

長々と述べてしまいました。そろそろ話を元に戻しましょう。

とにもかくにも、応神天皇と呼ばれる人物が四世紀末ごろ朝鮮半島から渡ってきたとすると、当然ながら先の三輪王朝とのつながりは絶無となります。しかし、この国の皇統はアマテラスオオミカミという神様から途切れなく一本の血筋によって受け継がれてきた

（いわゆる万世一系《ばんせいいっけい》）ということにしたいため、これまた記紀の編纂者が二つの王朝を橋渡しする存在――すなわち、前王朝最後の大王の妻にして、新王朝最初の大王の母――として、神功皇后という偶像を創りあげたのではないでしょうか。しかも、朝鮮半島からやってきてこちらの国土を治めたのではなく、こちらから出かけていって向こうの国土を制したというファンタジーを描き出したのではないか――、と、そんな想像を胸の中でつらつらしたりしています。

むろん、このシナリオにあてはまらぬことも少なくありません。

神功皇后の足跡は、とりわけ北部九州にたくさん残っているのですが（皇后母子を祀る神社などが多くあります）、それらを見ると、架空の存在と言い切るにはリアルすぎ、やはりモデルとなる人物が実在したのだろうかと、心がぐらついたりします。

さらに、「神功皇后二人説」という考え方もあります。三輪王朝の皇后となった息長氏のオキナガタラシヒメと、応神天皇の母として海を渡った神功皇后は別人とするのです。古代氏族の研究者の宝賀寿男《ほうがとしお》氏などが提唱されているのですが、たしかに神功皇后の伝説は一人の事績とするには地域の広がりも時代の幅も大きすぎるので、興味深く感じます。ということで、神功皇后の実在に関しては、もうしばらく結論保留にしたいと思います。

池澤夏樹『ワカタケル』
（日本経済新聞出版）

大悪の王ワカタケル

続きまして、二冊目の本は池澤夏樹《いけざわなつき》さんの『ワカタケル』です。

ワカタケルとは二十一代の雄略《ゆうりゃく》天皇のことで、別名をオオハツセといい、応神天皇の孫の允恭《いんぎょう》天皇（ワクゴノスクネ）の末の子です。先ほど「倭の五王」のことに触れましたが、雄略天皇は讃、珍、済、興、武のうちの「武」であることが定説となっています。埼玉県行田《ぎょうだ》市にある稲荷山《いなりやま》古墳から、「辛亥年《しんがいねん》（四七一年）」「獲加多支鹵《わかたける》大王」という文字の見える鉄剣が出土し、五世紀後葉に実在した大王であると確実視されるようになりました。

宮は三輪山の南東の初瀬《はせ》（桜井市）にいとなまれたといい（泊瀬朝倉宮《はつせのあさくらのみや》）、陵墓は河内の島泉丸山《しまいずみまるやま》古墳（羽曳野《はびきの》市）に比定されています。

この雄略天皇を取り巻く人間と神話のロマンを描き出したのが本作です。

池澤さんといえば『古事記』の現代語訳でも知られ、それだけに古代らしい質実な抒情が描かれるのですが、その上にそこはかとない飄逸《ひょういつ》味と史観が搗《つ》き捏《こ》ねられ、ほかのどの小説にも似ていない個性的な作品となっています。

主人公の雄略天皇は、「大悪天皇《はなはだあしきすめらみこと》」というあだ名があり、しばしば専制的な政治を行った人物として語られます。とりわけ有名なのは即位の前記で、兄の安康《あんこう》天皇（アナホ）が亡くなったあとの暴力的な逸話が伝わります。

記紀によると、それは安康天皇が弟雄略の婚姻の相談を河内日下《くさか》の叔父、オオクサカ王にもちかけたことから始まりました。オオクサカ王は妹のワカクサカ皇女を雄略の妻とすることを了承したのですが、あいだに入った使者のせいで話がこじれ、安康天皇はオオクサカ王を無礼討《ぶれいう》ちし、その妻のナガタノオオイラツメを自分の妻にしてしまいました。ナガタノオオイラツメには眉輪《まゆわ》王という幼い息子がいたのですが、因果はめぐるというのでしょうか、この少年がやがて父の仇として安康天皇を殺してしまうのです。

それからのちの雄略天皇は、鬼神のごとくでした。おのれが確実に次期の帝位に就くため、邪魔者を片端から始末していきます。

まずは上の兄のクロヒコを殺し、続いて下の兄のシロヒコを殺し、あわれな窮鳥《きゅうちょう》となった眉輪王が葛城の円大臣《つぶらのおおおみ》のもとへ助けを求めて逃げ込むと、大軍を繰り出して館を包囲

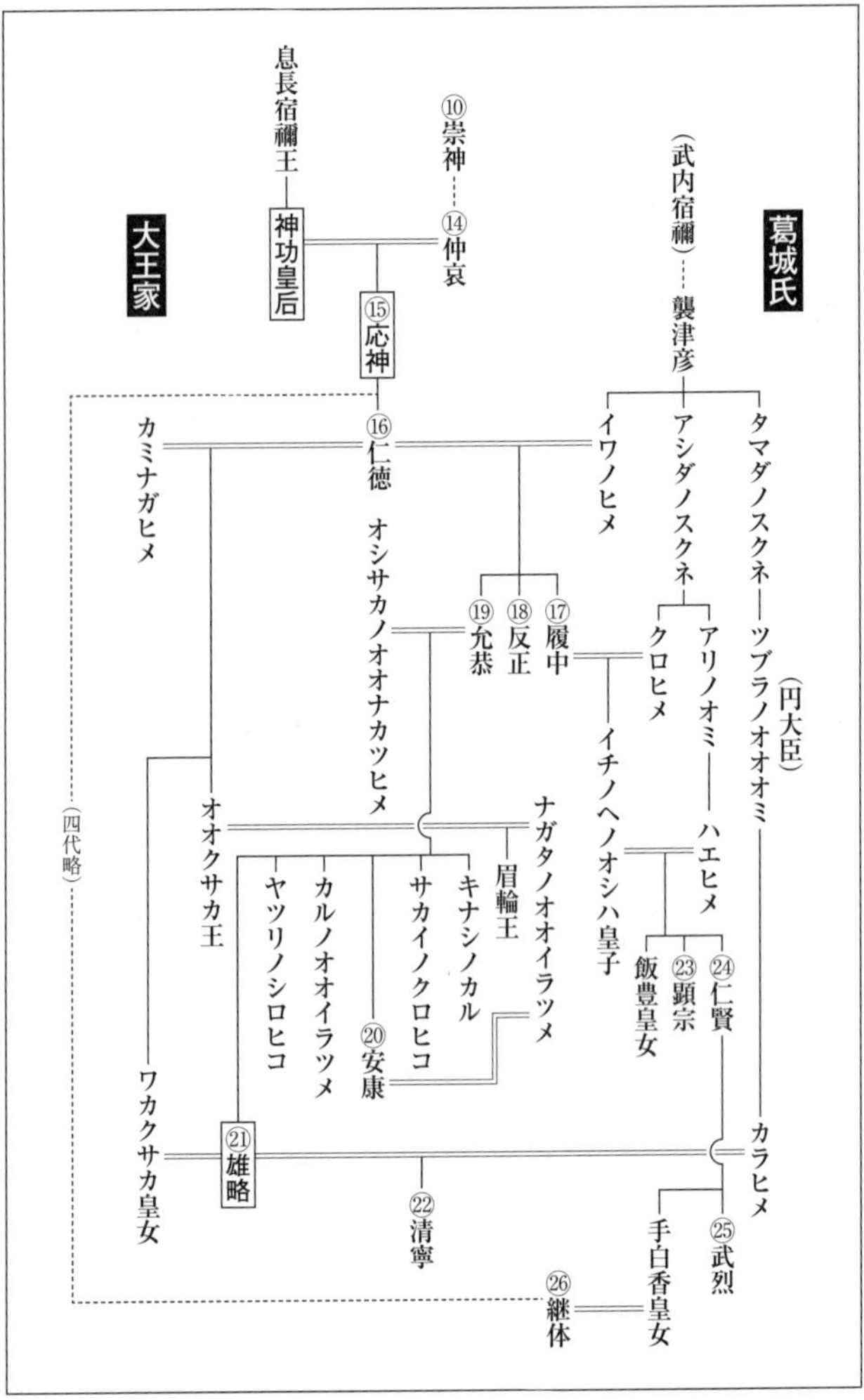

図3-3　大王家・葛城氏関係略系図

し、眉輪王もろとも大臣も攻め滅ぼしてしまいました。葛城氏は父祖の応神、仁徳のころから深いかかわりを持ってきた外戚であるのに、独裁を目指す雄略にとっては、目障りな存在にすぎなかったようです。

雄略のライバル潰しはさらに続きます。叔父の履中《りちゅう》天皇（イザホワケ）の子で葛城系の従兄弟のイチノヘノオシハ皇子を近江の蚊屋野《かやの》へ猪狩りに誘い出し、卑怯な方法で葬ります。イチノヘノオシハの子たち（オケとヲケ。のちの仁賢《にんけん》天皇と顕宗《けんぞう》天皇）は恐怖に震え、散り散りになっていずこかへ逃げ去っていきました。

こうしておのれの位置を脅かすすべての者を除いた雄略は、ようやく安堵して大王の座に就くのです。

即位にあたって、雄略はワカクサカ皇女を大后《おおきさき》としました。日下のオオクサカ王の妹で、かつて縁談が持ちあがったのに立ち消えになっていた相手です。

この皇女は記紀にはさしたる記述もなく、所生の子もない謎の存在なのですが、池澤さんは作品の中で存分に肉づけし、雄略と相対する重要なヒロインを創造しました。ワカクサカにしてみれば雄略は兄や甥をむごく葬った敵ですが、二人は憎みあうわけではなく、むしろいわく言いがたく求めあう一対となります。この独特の夫婦のありようが、読みどころの多いこの小説の中でもいちばんのポイントです。

本作のワカタケルの前には、しばしば奇妙な神たちが現れ、その考えや行動に大きな影響を与えます。たとえば、この国の初代の大王カムヤマトイワレヒコ（神武天皇。本作ではイハレビコ）、ワカタケルの荒ぶる魂をくすぐって悪行をそそのかす正体不明の青い男。さらに、伽耶《かや》から渡りきたって五代の大王に仕えた忠臣、武内宿禰。白髪《しらが》白鬚《しらひげ》姿に狐《きつね》の群れを従え、本作ではタケノウチと呼ばれています。

タケノウチは葛城氏の祖神ですから、葛城氏が大和王権にいかに貢献したかを強調します。そして、かつて神功皇后とともに韓土でなし遂げた壮挙を大袈裟に物語ります。その影響もあって、ワカタケルは内政よりも朝鮮半島政策に執心するようになります。

そんな夫の姿を、ワカクサカは冷めた目で眺めます。なぜわざわざ遠い異国のいくさなどのために民を疲弊させるのか。われらは美しい海に囲まれて成り立っているこの国だけを平らかに治めればよいではないか、と。

かくして二人の差異が際立ってくるのですが、やがてそれは単なる意見の相違などではなく、そもそもの開闢《かいびゃく》からの相容《あいい》れぬ運命なのだとわかります。

興味深いことに、本作ではワカタケルよりも皇后のワカクサカのほうをこそ、光り輝く天上世界につながる女神として描くのです。なぜなら、ワカクサカの日下氏は日向《ひむか》に淵源《えんげん》を持つ、天孫ゆかりの人々だからです。

ワカタケルに葛城のタケノウチやカムヤマトイワレヒコらの祖霊がついているのと対のように、ワカクサカにも守護神がついています。その一人は高天原のアマテラス、もう一人は女王ヒミコです。

この国の皇統譜には、初代の神武から十代の崇神までのあいだに「欠史八代《けっしはちだい》」といわれる空白があります。本作では、その期間にヒミコがまつりごとを執っていたと設定します。ヒミコとは、すなわち日輪《にちりん》の子たる天子《てんし》を意味する「日《ひ》の御子《みこ》」です。

物語の終盤近くになってこのような種明かしが始まると、それまで迂闊《うかつ》に読み進んでいた部分に、巧みにいろいろな伏線《ふくせん》が張られていたことに気づきます。

ワカタケルがいくさに長け、現実的な力にすぐれているのに対し、ワカクサカは夢を見、神の声を聞く直感の力に長けています。ワカタケルは文字を重視し、この世の事象を書き表そうとしますが、ワカクサカは耳と声と語りを大切にし、文字に書き留めることは冒瀆《ぼうとく》と考えます。

ことごとく対極にある二人のありようは、一見、一筋に見えるこの国の皇統はじつは二筋からなっており、女系（母系）と男系（父系）の二つの性質が、あざなえる縄のように撚《よ》りあわさっているのだと主張しているようにみえます。

やがて二人の相反は極みに達し、ワカタケルはワカクサカを手にかけてしまいます。そして、自身も衰弱し、命を失います。つまり相討ちのごとくになるのです。

個人的な感想を言うならば、この物語には、一種の女帝論としての側面もあるように感じます。

なお、先ほど私は「日向」についてやや否定的な意見を述べましたが、黒岩重吾さんの作品に続いて、本作でも重要なテーマとして登場しました。いましばらく自分自身の宿題として考えたいと思います。

眉輪王とシェイクスピア

四、五世紀の日本は歴史小説のテーマとしては敬遠されがちですが、そのかわり、文芸作品には素晴らしいものがあります。二作紹介いたします。

一つは野溝七生子《のみぞなおこ》さんの『眉輪《まゆわ》』、もう一つは高尾長良《たかおながら》さんの『影媛《かげひめ》』です。

野溝さんの『眉輪』は、日下のオオクサカ王（本作では大日下王）の子、眉輪王を主人公とした小説です。安康天皇（本作では穴穂《あなほ》王）に父親を殺され、母親も奪われた王子が父の仇《かたき》を討ったのち、葛城の円大臣とともに雄略天皇（本作では大長谷《おおはつせ》王子）の軍と戦う、ドラマチックな物語です。

時代背景は、池澤さんの『ワカタケル』とまるきり同じなので、併せて読まれると、きっと楽しみが増すでしょう。

この小説は「奇蹟《きせき》の書」と評されており、なにが奇蹟かというと、書かれたのがなんと大正十四年（一九二五）なのです。

野溝七生子『眉輪』（展望社）

私は十年ほど前にたまたまこの本を人からいただいたのですが、最後の解説の頁に至ってそのことを知り、びっくりしました。たしかに言葉遣いは旧仮名の文語調ではあるのですが、ふつうに読めますし、わざとクラシックな言葉でつづられた現代作品と言われたら、そのまま信じてしまうかもしれません。それほど古びていないのです。

もっとも大きな特徴は、いささかも日本の小説らしくないことです。いわば西洋の翻訳文学の趣《おもむき》で、読んでいるうちにここが古代日本であることを忘れてしまいます。まぶたの裏に浮かぶのは、石造りの牢固《ろうこ》たる古城と、花園に遊ぶ金髪碧眼《きんぱつへきがん》の美女、黄昏《たそがれ》の野を駆ける騎馬の若者、王侯貴族たちの濃厚な恋模様……。それでいて、父の仇討ちに幼い命を懸ける少年のいじらしさは、すぐれて「大和魂《やまとだましい》」を感じさせもするのです。

じつに不思議な読み味で、なるほどこれは奇蹟であるよと感心しました。

古代文学研究者の三浦佑之《みうらすけゆき》氏が、眉輪王の物語はシェイクスピアの『ハムレット』と構造がそっくりであるとおっしゃっているのを読んだことがあります。まさにそのとおりと感じます。もしかすると、野溝さんは大正ロマンのハイカラな風の中で記紀神話を眺め、数あるエピソードのうちでも磁石に吸い寄せられるようにこの話に注目したのかもしれません。人を感動させる物語は、時代と場所を超えて共通なのでしょう。

そもそも眉輪王の悲劇の原因は、大日下王が妹のワカクサカ（本作では若草香《わかくさか》王女）と大長谷王子の縁談を肯《うべな》ったにもかかわらず、仲立ちをつとめた家来の根臣《ねのおみ》が大日下王から応諾のあかしとして預かった首飾りを着服し、穴穂王には「大日下王は不承知であった」とホラを吹いたからでした。穴穂王は奸臣《かんしん》の報告をほんのちょっとでも疑ってみればよかったのに、鵜呑《うの》みにしたためカタストロフィが招かれてしまいました。

耳かき一杯ほどの勘違いから思いもよらぬ運命が展開していく感じ、また、小悪党のちょこざいな細工によって舞台が回っていく感じも、シェイクスピア劇そのものです。

眉輪王は子供なので、ハムレットとオフィーリアにあたる要素に欠けるのですが、それを補うのが大長谷王子と若草香王女の関係です。本作の若草香は気高く、なにものにもなびかず、からだは許しても心までは与えず、事件が落着したのちは端然《たんぜん》として廃墟の日下御殿へ去っていきます。

非常に印象的な姫君で、池澤さんの小説のワカクサカに通じるところがあります。

影媛と志毘の悲恋

対照的に、高尾長良さんの『影媛』は古代そのもの、倭国の原初の風景とはかくやと思わせる静謐《せいひつ》な作品です。

『古事記』にはなく、『日本書紀』のみにみえる逸話に取材した物語なのですが、さほど長くもなく、またさほど知られているわけでもないエピソードを巧みに小説化した点は、これまたたいへんな目利きと感じます。

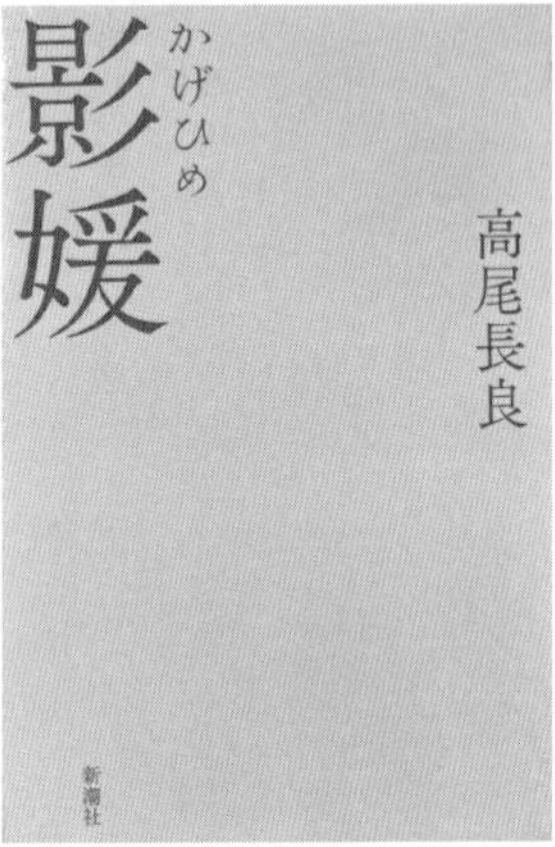

高尾長良『影媛』(新潮社)

時は雄略天皇から四代のち、二十五代の武烈《ぶれつ》天皇（オハツセノワカサザキ）の即位前のこと。大連《おおむらじ》の物部麁鹿火《もののべのあらかい》の娘で、すぐれた巫女でもある影媛は、ある日、森で鹿狩りをする若者に出会います。それは大臣《おおおみ》平群真鳥《へぐりのまとり》の息子、志毘《しび》。恐れを知らぬ豪胆さで獣を追う姿に、影媛は胸をときめかせます。志毘のほうも美しい影媛に心射抜かれ、二人は恋に落ちます。

しかし、影媛にはすでに太子《ひつぎのみこ》（武烈）の妃《みめ》となる話が持ちあがっており、自家の繁栄を望む物部の者たちは、みなその日を待ち望んでいるのです。野性的な男の魅力に満ちている志毘に比べ、わずか十歳の稚《おさな》い太子には、影媛はなんの魅力も感じません。

しかも、由緒ある古族である物部に対して平群氏は成りあがりなので、両家は犬猿の仲なのです。ことに最近の平群は大王すらないがしろにする増長ぶりで、影媛の父も兄もみな彼らを毛嫌いしています。

許されぬ身の上の二人が愛しあったことで、悲劇への扉が開かれます。

やがて、太子が影媛に求婚する日がやってきます。その舞台となったのは人々が群れ集う海石榴市《つばいち》の歌垣《うたがき》の場でした。

父親の麁鹿火から娘をもらう内諾も得ている太子は、さしたる設《もう》けもなく婚《よば》おうとします。そこへ志毘が敢然と現れ、闘歌《かがい》（交互に歌を詠みあう勝負）を挑みます。しかし、年若く作歌も未熟な太子は志毘に勝る作を出すことができず、苛立《いらだ》って影媛本人に詠みかけます。

「琴頭《ことがみ》に来居《きい》る影媛玉ならば吾が欲《ほ》る玉の鰒白珠《あわびしらたま》」（琴に寄り添ってくる影のような影媛よ、そなたこそ私の求める真珠である）

すかさず志毘が脇から進み出、影媛の代わりに歌を返します。

「大君《おおきみ》の御帯《みおび》の倭文服《しつはた》結び垂れ誰《たれ》やし人も相思《あいおも》はなくに」（大王の倭文服の帯などに、私の思いはありません）

影媛は恋人の歌に呼応して太子の足元に平伏《ひれふ》します。

「私の思う男は、志毘だけでございます」

そして、二人は手に手を取って逃げるのです。

衆人環視《しゅうじんかんし》の中で恥をかかされた太子は怒りを爆発させ、物部、大伴《おおとも》、久米部《くめべ》らの兵士が二人を追跡します。その果てに、志毘は影媛の目の前でむざんに斬り刻まれてしまうのです。

先ほど私は本作と『眉輪』は対照的だと言いましたが、ある種の趣はとても似ています。敵対する家同士の恋という点では、こちらは『ロミオとジュリエット』を想起させるかもしれません。

文章はほとんど全編、隠喩《いんゆ》で表されており、影媛は虚空《こくう》を逍遥《しょうよう》する翠鳥《すいちょう》、志毘は森を疾駆する若鹿、逢瀬は手を取りあい木の枝で水面《みなも》をこおろこおろと混ぜること、滾《たぎ》りたつ欲望は血の滴《したた》る生肉を噛みしめること……といった具合なのですが、その語感から立ちのぼる手触りと音感と湿度に陶然とさせられます。

作者高尾さんがこの作品を書いたのは二十二歳というので驚きますが、お若いからこそ可能だった、大胆な試みかもしれません。

本作は志毘が惨殺されたところで幕となりますが、歴史的には志毘の父の真鳥も殺され、平群一族は勢いを失します。

このの5大王に即位する武烈天皇は、史上稀にみる残虐な君主として名を残します。妊婦の腹を割いて胎児を取り出したり、若い女と馬を獣姦《じゅうかん》させてみたり、常軌を逸した行為を重ねた末、後継者にも恵まれず、王朝は終焉を迎えることになります。

オケ、ヲケと、幻の女帝

作品を紹介する流れ上、説明を飛ばしてしまったのですが、先の雄略天皇から本作の武烈天皇に至るまでのあいだに、補足しておかねばならぬことがあります。最後に触れて、この章を終えたいと思います。

雄略のあと、大王位は二十二代の清寧《せいねい》天皇（シラカ）に移るのですが、清寧は生まれながらにして白髪の病弱な大王で、子を生《な》す力もなく、皇統は断絶の危機に陥りました。そこで、かつて雄略が謀殺した従兄弟、イチノヘノオシハ皇子の遺児のオケとヲケが探し出されます。

彼らは遠い播磨《はりま》へ逃れ、さる家の召使いとなって身を潜めていたのですが、ようやく浮かばれ、晴れて二十四代仁賢天皇（オケ）、二十三代顕宗天皇（ヲケ）となりました。弟が先、兄が後の即位です。

しかし、彼らは若年だったので、成人するまで姉（叔母とも）の飯豊皇女《いいどよのひめみこ》（または飯豊青皇女《あおのひめみこ》）が後見につきます。このとき飯豊が即位したとみる説もあり、だとすれば、この国初の女性天皇ということになります。宮は現在の葛城市の角刺神社《つのさしじんじゃ》のあたりにあったといわれ、忍海高木角刺宮《おしぬみのたかぎのつのさしのみや》という名で伝えられています。

特筆すべきなのは、彼らの母がハエヒメという葛城氏の女性であることです。河内王朝にとって最大の皇親氏族であった葛城氏は、眉輪王の反乱鎮圧にかこつけて雄略に滅ぼされました。ところが、絶滅したかにみえながら、その血筋はちゃんと残されていたのです。

そのあと位は仁賢天皇の嫡子である、先ほどの武烈天皇（オハツセノワカサザキ）に渡ります。ところがこの大王にも子がなかったため、妹の手白香皇女《たしらかのひめみこ》に、応神天皇の遠い子孫の男大迹王《おおどおう》（継体天皇）が越《こし》の国から婿に迎えられ、皇統がつながれることになるのです。

以上が、抜けていた事項です。

しかし、この四代（と一人の幻の女帝）の物語には、かなりあやしい気配があります。架空を疑われる大王もいます。

幼いオケ、ヲケの流離譚は、いかにも作り話のにおいがしますし、生まれながらにして白髪だったという清寧と、常軌を逸して暴虐であったという武烈はどこか似通っています。どちらにも子がなかったとなると、同一人物なのではないかという疑念も生じます。

さらにもう一つ謎があります。

記紀の記事の年代考証によると、雄略天皇は四七九年に死去したと推定されているのですが、中国南朝の宋から代替わりした南斉《なんせい》の四七九年と、その後の梁《りょう》の五〇二年に、「倭王武」に対してそれぞれ「鎮東大将軍」「征東将軍」という称号が与えられているのです。

死んだ人間が叙爵されるのはおかしいので、この二件はこちらが求めたことではなく、中国側から王朝交代に際して儀礼的に贈られたのだと、もっぱら説明されています。とはいえ、死後二十年以上たっても宛名が改められていないのは不自然ではあります。空想をふくらませるならば、五〇二年まで倭王武は生きていたのかもしれません。

一方、継体天皇が襲位したのは五〇七年と推定されており、つまり、雄略と継体のあいだにはほとんど隙間がないわけです。となると、雄略ののちの四代（と一人の幻の女帝）はまるごと存在しなかった可能性も出てきてしまいます。先ほど清寧イコール武烈の可能性を言いましたが、大悪の暴君という意味においては、いっそ雄略イコール武烈なのかもしれません。

しかし、ここは四代非在を考えるよりも、彼らが継体新王朝とだぶって存在していたと考えるほうが、蓋然性《がいぜんせい》が高いように思います。

というわけで、葛城というキーワードとともにいわくいいがたい靄《もや》に包まれている河内王朝の終末期なのですが、私はかなり興味深く感じています。

加えて言えば、その後の飛鳥時代において、新興の蘇我氏が最有力の皇親氏族として大王家に入り込むことができたのは、葛城氏の後裔だったからではないかとも考えています。蘇我馬子《うまこ》、推古《すいこ》天皇ともに葛城をみずからの故地のように主張しますし、中大兄皇子《なかのおおえのみこ》の正式名が葛城皇子であるのも気になります。また、葛城山中に「高天原《たかまのはら》」を髣髴《ほうふつ》とさせる「高天《たかま》」という地名があることも、皇統との関連を匂わせて意味深長です。

このあたりは一つ大きなミステリーで、深掘りしていくと、思いのほかにおもしろいシナリオを描けるのかもしれません。

第四章　大王アメタリシヒコとは何者か

——馬子と推古と厩戸皇子

継体から欽明へ、そして蘇我氏登場

本章より、古代史の中でも人気の高い飛鳥《あすか》の時代に入っていきます。

まずはその前史に少し触れます。

繰り返しになりますが、河内王朝は武烈《ぶれつ》天皇のとき継嗣《けいし》が絶え、やむなく応神天皇の遠い子孫である男大迹王《おおどおう》を手白香皇女《たしらかのひめみこ》（武烈の妹）の婿に迎えて皇統をつなぎました。二十六代継体《けいたい》天皇です。このバトンタッチの周辺にかなり謎めいた匂いがすることも、すでにお話ししたとおりです。

継体天皇は位に就いたものの（五〇七年と推定）、大和には入らず、河内の樟葉《くすは》（枚方《ひらかた》市）、山背《やましろ》の筒城《つつき》（京田辺市）など、はずれの土地ばかりに宮をもうけました。伝統的な大王の住地である磐余《いわれ》（三輪山のふもと）に遷座したのは二十年ものちだったそうです。

かなり不自然な事態でありますが、これも前王朝末期の大王たちがだぶっていたからと考えると、いちおうの辻褄は合いそうです。彼らが弱体化しながらも大和盆地内に長らえていたため、継体は入っていけなかったわけです。継体が手白香皇女と縁組したのも、両王朝がある程度の共存期間を経たのちの手打ちだったのかもしれません。

継体天皇推戴の中心となったのは大伴金村《おおとものかなむら》といわれています。しかし、このような状況を思えば、畿内豪族は当然、一枚岩ではなかったでしょう。旧王朝派、新王朝派、または中立派と分かれ、それぞれに有利な道を探っていたと想像されます。

では、継体天皇とはどのような人物だったのでしょうか。記紀には応神天皇の五世の子孫と記されているくらいで、詳しいことはわかりません。けれども、越《こし》の国一帯（福井県、富山県、新潟県あたり）にかなり大きな勢力を持っていたことはたしかなようです。

この出自の不明さから、じつは皇統とは無縁なのではないかとみなす向きもあります。歴史学者の直木孝次郎《なおきこうじろう》氏、水野祐《みずのゆう》氏などがこの立場で、武威にすぐれた地方の豪族が畿内に進出し、長期戦ののちに王座を勝ち取ったのだろうと述べられています。

これは単純明快な推理なので賛同したくなりますが、いまひとつ説明しきれていないところもあります。

というのも、もしそうであったなら、この国は二世紀の「倭国大乱」のときのような激烈な戦乱状態に陥ったはずです。ところが、それほどの気配もありません。また、力のある者が誰でものしあがれるのなら、当時有力氏族だった大伴や物部《もののべ》、平群《へぐり》あたりがさっさと取って代わっていそうなものです。しかし、そうした事態も起こっていません。してみれば、やはり継体天皇は応神天皇の末裔だったとするほうが至当のように思えます。

また、継体天皇が手白香皇女に婿入りした点から、皇統を女性（皇女）によってつなぐ方法が注目されることがあります。現代の女性天皇論議においてもしばしば取りあげられるところですが、その場合でも、男性側が一般人だと、やはり問題が大きいです。皇女の婿にさえなれば、誰でも大王になれることになってしまうからです。

要するに、かつての河内王朝の始まりのころは倭国全体が流動的だったので、外からやってきた者が実力次第で天下を取ることもできたのでしょう。けれども、継体のころには社会の階層や身分秩序も固定化し、大王家の血を引く者しか玉座には座れないという血統主義の通念があまねく行き渡っていたのではないでしょうか。

と同時に、豪族たちのほうもかつてより確実に強大化していたはずなので、並の大王ならば協力してやらぬという矜持《きょうじ》も鮮明になっていたのでしょう。

そこでつらつら思うのですが、継体天皇と応神天皇はもしかするともっと古い段階、すなわち朝鮮半島から倭列島へ渡ってくる前に、なんらか血統の根拠となるようなつながりを持っていたのかもしれません。五世の子孫などというあいまいな書き方をするところをみると、あるいは、と思います。

続く安閑《あんかん》、宣化《せんか》の両大王（継体天皇の長子、次子）は、尾張の豪族の娘の所生であったた

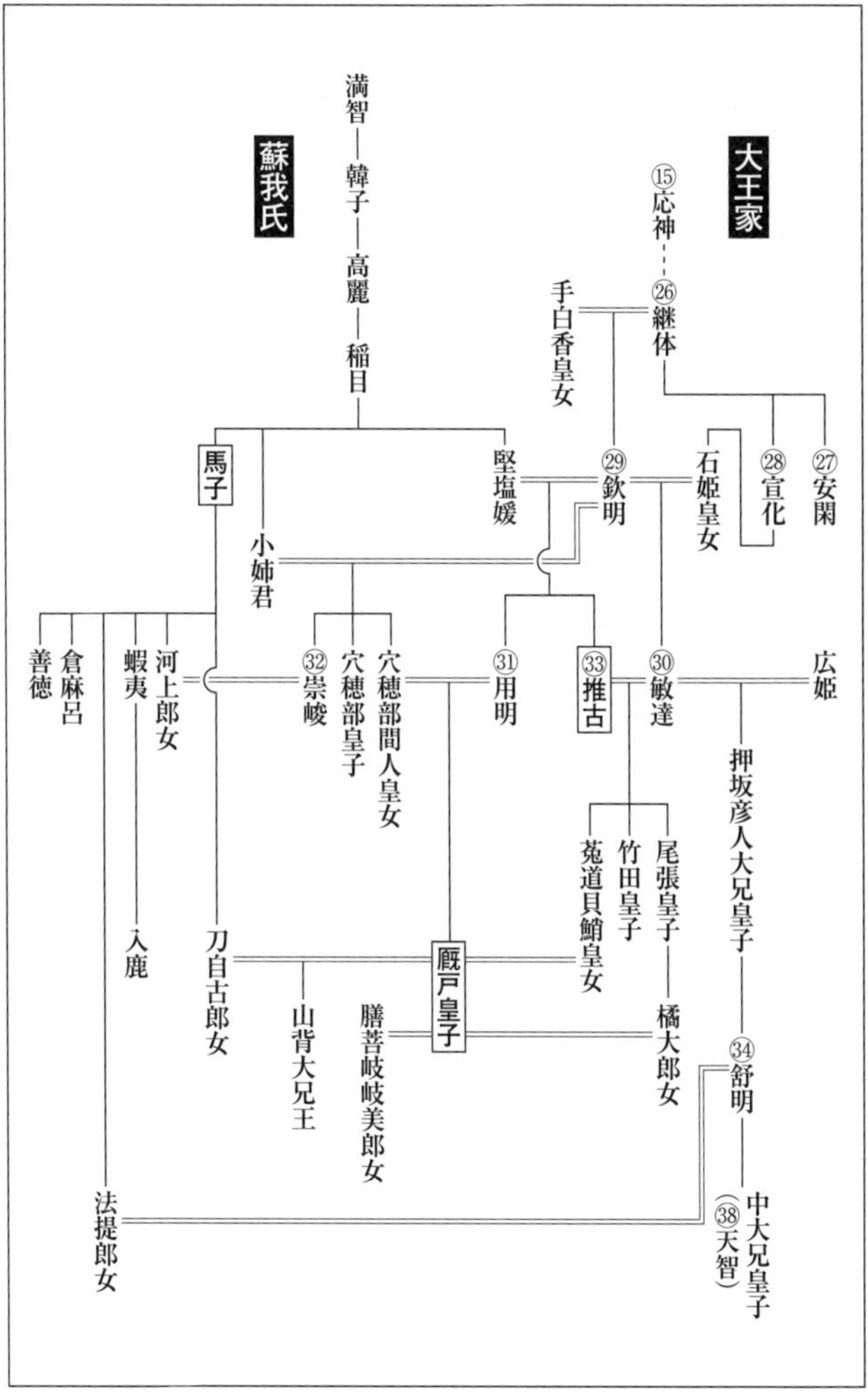

図4-1　蘇我氏・大王家関係略系図

め存在感が薄く、在位も短く、新たな王朝が本格的に始動するのは手白香皇女所生の欽明《きんめい》天皇が二十九代の位についてからでした。

欽明天皇はかなり実力のある大王だったらしく、この時代に大和政権は国家らしい形がぐんと整います。その体制作りに貢献して頭角を現したのが蘇我《そが》氏でした。とりわけ出世著しかったのは欽明天皇の側近として重用された大臣《おおおみ》の稲目《いなめ》で、娘たちを次々に大王のきさきとし、外戚《がいせき》の地歩を固めていきました。

蘇我氏のルーツについては諸説あるのですが、比較的よく耳にするのは、百済《くだら》王族の重臣、木劦満致《もくらまんち》がすなわち稲目の曽祖父の蘇我満智《まち》であるとする説です。蘇我氏が百済びいきなのはたしかなので、その可能性もあるかもしれません。しかし、個人的には、繰り返しになりますが、葛城氏の分かれではないかと思っています。蘇我氏が武内宿禰《たけうちのすくね》を始祖としていることと、また葛城《かつらぎ》一帯を本貫《ほんがん》のように称していることからの推測です。

蘇我氏の「臣《おみ》」という姓《かばね》は、物部や大伴らの「連《むらじ》」より格上ですので、新興ではあっても由緒ある一族であることは間違いないでしょう。そうでなければ、いかに政治的に有能でも皇親氏族とまではなれないからです。

またこれも繰り返し述べてきたことですが、日本の古代豪族はほぼ全員朝鮮半島に由来していると言っても過言ではないので、渡来人か否かという問いはあまり意味がありません。違いは渡来の時期が早いか遅いか――古参になるほど現地民化し、新参はよそ者とみなされる――だけです。本書でも渡来人という場合は、歴史が新しいという意味で使っています。

もっとも、出身が伽耶《かや》なのか、百済なのか、新羅《しらぎ》なのか、または漢人《かんじん》(たとえば旧楽浪《らくろう》郡《ぐん》、帯方郡《たいほうぐん》などにいた中国系)なのかといった違いはあるはずなのですが、朝鮮半島は国境も民族も入り乱れているので、その判別も難しいところがあります。

蘇我氏は自身も新興であったためか渡来人に対してふところ深く、どんどんみずからの傘下に取り込んでいきました。

当時の朝鮮半島は前代にも増して不穏な情勢になっており、とりわけ伽耶(任那《みまな》)が両側の百済と新羅に蚕食《さんしょく》されて危機に瀕《ひん》していました。これにともない倭列島に逃れてくる民が引きも切らなかったのですが、その中には建築、造仏、金属加工、史《ふひと》(筆記)など、最新の技術を持った人々が大量に含まれていました。蘇我氏にとって、「今来《いまき》の才伎《てひと》」(新来の職能民)と呼ばれた彼らを配下に置くことは、氏族としての層と厚みをつけることにつながり、一石二鳥だったのです。

甘樫丘から望む古都・飛鳥（奈良県明日香村）

蘇我氏の私兵となることに生き場所を見出した人たちもいました。飛鳥の檜隈《ひのくま》に住地を与えられた東漢《やまとのあや》の人々などが代表です。東漢氏は氏族というより集団の総称です。

稲目の取り組みとしては、全国各地に「屯倉《みやけ》」と呼ばれる大王家の直轄領をもうけ、国庫の充実をはかったことも有名です。その開拓や管理のための戸籍作りなどにも渡来人の能力が使われました。物部氏や大伴氏が古いタイプの軍事氏族であったのに対し、蘇我氏は財政や経済を得意とする新手の政治家であったのです。

飛鳥時代とは、狭義には推古《すいこ》女帝が飛鳥の豊浦宮《とゆらのみや》で即位（五九二年）してから、持統《じとう》女帝が藤原京《ふじわらきょう》に遷都する（六九四年）までの百年を指すのですが、本書では十年ほどさかのぼり、稲目の子の馬子《うまこ》が大臣として活躍した敏達《びだつ》、用明《ようめい》、崇峻《すしゅん》のころ（欽明天皇の子たちの時代）も、プレ飛鳥時代として大括りにとらえたいと思います。

そのうちの前半を、この章では取りあげます。

崇仏論争と女帝と摂政

飛鳥前期を舞台とする小説では、蘇我馬子と推古女帝と厩戸皇子《うまやどのみこ》の三人を三つ巴的に描くのが王道です。この三者が織りなす人間模様はある種の大河ドラマのような趣《おもむき》があり、作品もたくさんあります。三人のうちの誰に視点を据え、どのキャラクターを善玉とし、また悪玉とし、どの事件に重きを置くかで景色の見え方ががらりと変わるのがおもしろいところです。

いずれの作品もベースとなる事項は共通しているので、あらかじめ三点ほど要点を記します。

一点目は、仏教の受容をめぐって繰り広げられた争い、とりわけ蘇我馬子（崇仏《すうぶつ》派）と物部守屋《もりや》（廃仏《はいぶつ》派）の対立です。

仏教は欽明天皇の五三八年に百済から伝わったといわれていますが、アニミズム的な自然崇拝をもっぱらとしていた当時の人々にとって、仏などは得体の知れない異教神でしかなかったと思います。当然ながら、神祇《じんぎ》にゆかり深い物部氏や中臣《なかとみ》氏は拒絶反応を示しました。けれども、蘇我氏はなんのためらいもなく受け入れました。よほど進取《しんしゅ》の気性に富んでいます。

とはいえ、それは求道心《ぐどうしん》よりも合理的な理由によっていたのではないかと想像します。この国が原始的な豪族連合を脱するためには、各氏族がてんでに敬っている祖先神を超越した信仰が革命的な求心力になる、と読んだのかもしれませんし、仏像彫刻、寺院建築、装飾美術といった、モノをともなう文化の側面に惹かれたのかもしれません。あるいは、仏教の持つ尊貴性が、大王の権威に対抗しうると踏んだ可能性もあります。

この国の大王は天に輝く太陽神の子孫（日《ひ》の御子《みこ》）であるという考え方において、人民の頂上に立ってきました。その血脈が重んじられる限り、先ほども述べたように、一般の氏族が取って代わることはできません。しかし、人々が仏を崇めるようになれば、相対的に大王の神秘の力を弱めることはできそうです。

守屋と馬子は激しくいがみあい、互いの悪い噂を流したり、大王に密告したり、仏塔を焼いたり、尼僧を迫害したり、泥仕合を繰り広げました。

二点目は、三十代敏達天皇の死後に起こった熾烈《しれつ》な皇位継承争いです。

新たな大王の候補としては、敏達の長子の彦人大兄皇子《ひこひとのおおえのみこ》、敏達の弟の橘豊日皇子《たちばなのとよひのみこ》、穴穂部皇子《あなほべのみこ》、泊瀬部皇子《はつせべのみこ》などがいました。このころは親子間相続（直系継承）よりも兄弟間相続（傍系継承）が強い力を持っていたので、それぞれに将来を見込んだ支持勢力がつき、大揉めに揉めたのです。

馬子はもっともわが血に近い橘豊日皇子（同母姉の堅塩媛《きたしひめ》の所生）をかつぎ、守屋は穴穂部皇子（馬子の異母姉の小姉君《おあねのきみ》の所生）を擁して対抗しました。この勝負には馬子が勝ち、三十一代用明天皇が誕生しました。用明天皇は初の蘇我系の大王で、しかも仏教に心酔していたため、馬子にとっては大きな追い風となりました。この天皇の影響を受け、仏教の伝道師《でんどうし》的な存在となったのが嫡子の厩戸皇子です。

しかし、馬子のよろこびもつかのま、用明は疱瘡《ほうそう》にかかって二年足らずで没します。すかさず守屋と穴穂部皇子が巻き返しますが、馬子はまず穴穂部を葬り、さらに対立鮮明となった守屋に全面戦争をしかけ、これにもみごとに勝利します。

そして、最後に残った気弱な泊瀬部皇子を傀儡《かいらい》的大王とし（三十二代崇峻天皇）、狭隘《きょうあい》な

江戸・天保期の画家・狩野養信が模写した聖徳太子二王子像（東京国立博物館蔵）
ColBase（https://colbase.nich.go.jp）

谷間の倉梯宮《くらはしのみや》（桜井市）へなかば押し込めのように遇します。ところが、意のままになると甘くみていた崇峻は思いのほかの野心家で、言いなりにならぬばかりか敵意まで見せるようになりました。そこで、馬子はまたも謀略をめぐらせ、暗殺してしまいます。

かくしてすべての邪魔者を片づけたところで、馬子は満を持して、お気に入りの姪である炊屋姫《かしきやひめ》（額田部皇女《ぬかたべのひめみこ》）をこの国初の女性大王として誕生させました。三十三代推古女帝です。自身はその宰相《さいしょう》として、以後三十有余年になんなんとする超長期政権を実現します。

三点目は、女帝という例のない存在が誕生するにあたり、英邁《えいまい》の誉れ高い厩戸皇子が補佐として「皇太子」に立ち、同時に「摂政《せっしょう》」という国政の責任者となったことです。

厩戸皇子は別名を「上宮太子《じょうぐうたいし》」といい、直系の一族を「上宮王家《じょうぐうおうけ》」と呼ぶのですが、これは父用明天皇の磐余池辺双槻宮《いわれのいけのべのなみつきのみや》の南にあったという住まいの名、すなわち「上宮《かみつみや》」

に由来します。

この宮に皇子が住していたのは三十少しまでで、その後は奈良盆地西部の斑鳩宮《いかるがのみや》に移り、法隆寺《ほうりゅうじ》などを建立し、仏教の拠点のようなものを創りました。

厩戸皇子に関しては、綺羅星《きらぼし》のような事績が知られています。たとえば、身分や血統によらず有能な人材を登用するための「冠位十二階」の制度、「和《わ》をもって貴《とうと》しとなし……」の文言で知られる「憲法十七条」の制定、法隆寺や四天王寺などの諸寺院の建立、「法華経《ほけきょう》」「勝鬘経《しょうまんきょう》」「維摩経《ゆいまきょう》」などの注釈、推古女帝への仏教の講義、小野妹子《おののいもこ》らを使節とする遣隋使《けんずいし》の派遣……等々です。

ただ、その人物像に関しては近年かなり見直しがなされ、数々の偉業も疑問視する傾向があります。「聖徳太子《しょうとくたいし》」というおなじみの尊称もあまり用いられなくなりました。厩戸皇子懐疑派としては、古代史学者の大山誠一《おおやませいいち》氏の研究がよく知られています。

これに関しては私も少し考えるところがあるのですが、のちに触れるとして、そろそろ具体的な作品を見ていきましょう。

ちなみに、小説の世界では、聖徳太子否定説にのっとった作品はほとんど見かけません。

「神宿る皇女」対「阿修羅」

一冊目は、三田誠広《みたまさひろ》さんの『碧玉《へきぎょく》の女帝　推古《すいこ》天皇』です。

本作は北国の大豪族の男大迹王《おおどおう》が、倭国の新しい大王として迎えられるところから始まりますので、時代の全体像をとらえたい方にもよいかと思います。

もっとも注目すべきテーマは、選ばれたる皇女に神の意志が宿り、時代の先行きを決めるという神秘的な運命論です。

タイトルにある「碧玉」がそのしるしで、主人公の炊屋媛《かしきやひめ》（推古女帝）はこれを手白香《たしらかの》皇女《ひめみこ》（継体《けいたい》天皇の皇后）から受け継ぎました。手白香皇女は飯豊青皇女《いいどよのあおのひめみこ》（仁賢《にんけん》、顕宗《けんぞう》両天皇の姉）から受け継ぎました。飯豊青皇女は神功皇后《じんぐうこうごう》（応神《おうじん》天皇の母）から受け継ぎました。いずれも皇統が危機に瀕《ひん》したとき、後継者を選んで未来への途《みち》をつないだ女性です。

本書ではその原点に触れていませんが、アマテラスが父のイザナギから譲り受けたものとして『古事記』に登場する翡翠《ひすい》の首飾りをイメージしているのではないかと想像します。アマテラスこそが、この地上に降《くだ》る最初の王（天孫《てんそん》ニニギ）を決めた女神だからです。

おのれの役割を悟った炊屋媛は心を定め、平らかな世の実現を願います。が、巷《ちまた》にはそれと対抗するように仏教が伝わり、怒濤《どとう》の勢いで広まっていきます。やがて、仏の申し子よろしき皇子が目の前に現れます。兄用明《ようめい》天皇の嫡男、厩戸皇子《うまやどのみこ》です。炊屋媛は冷たい美貌を持つ天才少年を、うす気味悪く思います。

一般に、この時代の崇仏論争は、蘇我馬子《そがのうまこ》と物部守屋《もののべのもりや》の世俗的な権力闘争として描かれることが多いように思いますが、本作はその土俵を一段止揚《しよう》し、「神宿る皇女」と「仏の申し子」という、一種崇高な対決で表現しました。

炊屋媛の悩める想念の宇宙に、神功皇后、飯豊青皇女、手白香皇女が白く光る女神として現れます。それと向きあうように、三つの顔を持つ阿修羅《あしゅら》の姿をした厩戸皇子が対峙します。三対三の不思議な構図がおもしろいです。

三田誠広『碧玉の女帝　推古天皇』
（学研M文庫）

敵なのか、味方なのか。物語はミステリーめいた緊張感をはらんで進みますが、やがて「この皇子は敵にあらず」という結論が導かれ、神仏の融合のような形で決着します。

では、敵は誰なのでしょう。融合した二つの極は、いずれ滅ぼさねばならぬものとして、蘇我の息子たちに照準を合わせるのです。

物語は厩戸が崩じ、馬子、推古も高齢により世を去るところまで描かれるのですが、推古はみずからの後継として田村皇子《たむらのみこ》（本作では「たふるのみこ」。亡夫敏達《びだつ》の嫡孫、のちの舒明《じょめい》天皇）を望みます。そして、わが息のかかった宝皇女《たからのひめみこ》をすでに縁づいていた夫から引き離し、田村にめあわせ、神秘の碧玉を手渡すのです。

宝皇女は、のちに蘇我氏を討つことになる中大兄皇子《なかのおおえのみこ》の母、皇極《こうぎょく》女帝です。神宿る皇女の役目が、また一つ受け継がれ、幕となります。

聖徳太子が師事した高句麗僧

女神の力に着目した物語の次は、仏道を見つめた一冊をあげましょう。比較文化学者の上垣外憲一《かみがいとけんいち》さんの『陽炎《かぎろい》の飛鳥《あすか》』です。

本作の主人公は厩戸皇子が師とした高句麗《こうくり》の僧、慧慈《えじ》です。五九五年に来倭して、六一五年に帰国するまで二十年の交流が描かれます。

異国僧から見た厩戸皇子とは他に例のない視点ですが、上垣外さんは日韓関係史が専門で、これまでも両国にゆかり深い人物（たとえば豊臣秀吉や伊藤博文など）を軸に据えることによって、国家間の相互関係を考察されてきました。このたびはその軸となる人物が慧慈になっただけですから、奇をてらったわけでもなんでもないわけです。ましてや慧慈は外交使節としての側面もあるので、なおのこと自家薬籠中《じかやくろうちゅう》のテーマであったでしょう。

六～七世紀の朝鮮半島の動きの中で、倭国にとってもっとも重大な事件は伽耶《かや》（任那《みまな》）が新羅《しらぎ》に攻められ、欽明《きんめい》治世の五六二年、ついに併呑《へいどん》されてしまったことでした。欽明天皇はこれを悔しがり、「任那を回復せよ」が最大の遺言となりました。

推古朝でも新羅への悪感情は強く、たびたび討伐の声があがるのですが、厩戸皇子は慎重論を取ります。それは、半島三国の後ろに誕生した帝国隋《ずい》を意識したためで、目先にとらわれた小競《こぜ》りあいがどのような不利を招くか危惧《きぐ》したのです。隋にとって最大の敵は高句麗ですから、まずはこの二強の動きを見極め、そのうえで残る新羅、百済とうまく駆け引きしていかねばなりません。

上垣外憲一『陽炎の飛鳥』
（アートヴィレッジ）

作中には厩戸皇子と慧慈が国際情勢を談

義する場面がたくさん出てくるのですが、まさに著者専門の畑として、興味深く読み入ってしまいます。

厩戸皇子の事績に関しては、全般的に穏健な解釈です。厩戸皇子が折に触れて慧慈に相談を持ちかけ、慧慈が都度都度アドバイスを返し、結果的によい成果が積みあげられていきます。

たとえば、「憲法十七条」は、厩戸皇子が儒学博士の覚哿《かくか》に草稿を作らせ、できあがったものをみずから手直しして完成させています。もともと十二条だったものに厩戸が「和《わ》をもって貴《とうと》しとなし……」「篤《あつ》く三法《さんぽう》を敬え……」などの四条を加え、さらに慧慈が「忿《こころのいかり》を絶ち、瞋《おもてのいかり》を棄て……」の一条を加え、十七条となりました。

この憲法は儒教と仏教が融合した独特の思想として評価されていますが、このように具体的な情景として描いていただけると、たいへんわかりやすいです。

厩戸皇子と慧慈のうるわしい師弟関係は、切ないことに、ほかならぬ厩戸皇子の最大の仕事――「日出《ひい》ずる処《ところ》の天子、書を日没《ひぼっ》する処の天子に致す……」の雄渾《ゆうこん》な国書で知られる遣隋使派遣――によって断たれることになります。

高句麗と隋は敵対国なので、隋と倭国のあいだに良好な関係が結ばれた以上、慧慈を優遇するわけにもいかず、居心地が悪くなってしまったのです。

物語は六一五年、帰国の船に乗船した慧慈を、厩戸皇子、妻の菩岐岐美郎女《ほききみのいらつめ》、子の山背大兄王《やましろのおおえのおう》が大和川畔で見送るところで終わります。

派手なエンターテインメント性はありませんが、端正な構成と淡々とした運びが快く、厩戸皇子と慧慈の人となりが素直に伝わってくる小説です。

幻の遣隋使と「アメタリシヒコ」

三冊目は、黒岩重吾《くろいわじゅうご》さんの『聖徳太子《しょうとくたいし》――日《ひ》と影《かげ》の王子《おうじ》』です。

物語は厩戸皇子が十四歳で物部合戦の初陣《ういじん》を飾るところから始まり、人生がもっとも順風であった二十代までを描きます。飛鳥の政権とのあいだに確執《かくしつ》が生まれ、理想と現実の落差に絶望することになる晩年は『斑鳩王《いかるがおう》の慟哭《どうこく》』という別作にまかせ、こちらは若き日の青雲《せいうん》の志《こころざし》が中心です。悟り澄ました聖人ではなく、恋に悩み、煩悩《ぼんのう》に苦しむ人間的な王子像に好感が持てます。

なにしろ全四巻の大作ですから、周囲の人物群像、時代背景の描写も詳細を尽くして読みごたえがあるのですが、とりわけ注目したいのは、馬子と推古女帝と厩戸皇子の関係を

黒岩重吾『聖徳太子――日と影の王子』（文春文庫）

考えるうえでネックとなる「ある事案」について、きっちりと論じている点です。

　それは、中国の史書『隋書』「倭国伝」の六〇〇年（開皇《かいこう》二十年）の条に見える、遣隋使にかかわる不可解な問題です。

　遣隋使といえば、なんといっても小野妹子《おののいもこ》らが使節となった六〇七年（大業三年）の渡航が有名ですが、これはじつは第二次であり、それより七年前の六〇〇年に第一次の遣隋使が派遣されているのです。しかし、『日本書紀』はいっさい記していません。

　倭国の使者（誰であったのかは不明）は、隋の文帝《ぶんてい》からの質問にいろいろ答えたようで、『隋書』には倭の国情がかなり詳しくつづられています。

　こんな具合です。

・王の姓《せい》は阿毎《あめ》（アメ）、字《あざな》は多利思比孤《たりしひこ》（タリシヒコ）、号は阿輩雞弥《あほけみ》（オオキミ）という。

・王の妻は雞弥《けみ》（キミ）と号す。

・王の後宮には六、七百人の女がいる。

・太子は利《り》（和《わ》）歌弥多弗利《かみたふり》（ワカンドオリか？）という。

アメタリシヒコとは固有名ではなく、「天つ神の子で世の中をよく治める男」という意味の一般名称と思われます。ワカンドオリも、この読み方でよいとすれば、「若御裔（皇族の王子）」という意味の一般名称です。

このときの倭国の大王は推古女帝だったはずなのに、「大王は男で、妻がおり、嫡男がおり、後宮にはたくさんの側室がいる」とは、穏やかではありません。

黒岩さんは、馬子と厩戸が「隋は女帝を認めていないので、蛮視《ばんし》されぬために、国王は男ということにしたほうがよい」と、ご機嫌

男子二人給王飲食通傳言語其王有宮室樓觀城柵皆
持兵守衛為法甚嚴自魏至于齊梁代與中國相通開皇
二十年倭王姓阿毎字多利思比孤號阿輩雞彌遣使詣
闕上令所司訪其風俗使者言倭王以天為兄以日為弟
天未明時出聽政跏趺坐日出便停理務云委我弟高祖
曰此太無義理於是訓令改之王妻號雞彌後宮有女六
七百人名太子為利歌彌多弗利無城郭內官有十二等
一曰大德次小德次大仁次小仁次大義次小義次大禮
次小禮次大智次小智次大信次小信員無定數有軍尼
一百二十人猶中國牧宰八十戶置一伊尼翼如今里長

『隋書』「倭国伝」より「アメタリシヒコ」の箇所

の悪い推古女帝とやりとりする場面を描いています。使者は虚偽の申し立てを十分に教え込まれて隋へ向かうのです。

本作は六〇七年の遣隋使を派遣する前に終わるので、そちらの場面はありません。代わりに「終章」がもうけられ、この問題を含めた疑問点を論じています。この章がまた興味深いのです。

六〇七年の派遣の翌六〇八年、隋の煬帝《ようだい》は帰国する小野妹子らに裴世清《はいせいせい》らを答礼使として随行させました。煬帝が倭国に興味を持った証拠で、つまり厩戸皇子の強気の国書が大成功をおさめたわけですが、生身の使者と対面するとなれば、ごまかせることにも限度があったはずだと黒岩さんは述べます。

裴世清の目に映った倭国の大王アメタリシヒコは、果たして誰だったのでしょう。黒岩さんはこれを厩戸皇子とみます。しかも、その場限りのウソではなく、じっさいにこのとき厩戸皇子が位に就いていたとみるのです。なぜならば、いかに廟堂《びょうどう》の諸大夫《まえつきみ》が口裏を合わせようと、使者たちが長く滞在していればどこからか情報が漏れ、真の大王は女性と伝わってしまっただろうからです。

とはいえ、この「厩戸大王」はごく短命で、まもなく推古女帝と大臣馬子の鉄壁のペアが復活したと考えます。理由は六〇八年の会見がうまくいきすぎ、厩戸の声望が予想を超えて高まったからです。国内だけならまだしも、国際的にその名が轟《とどろ》けば、おのれの制御がきかなくなると馬子が危惧したのです。

これらは『日本書紀』のこの時期の諸儀式の模様を詳細に読み込んでの推測です。

その後、厩戸皇子は政権からていよく排除されつづけ、おかげで厭世《えんせい》的になり、仏教に没頭し、浮かばれぬ境遇の中で崩じました。厩戸皇子は愛妻の菩岐岐美郎女《ほききみのいらつめ》とわずか一日違いで亡くなっているのですが、これはかなり不自然なことなので、あるいは自死だったのではなかろうか──。

以上が黒岩さんの推理です。なかなか大胆です。

厩戸皇子が登場する小説の中で、六〇〇年の遣隋使の問題について触れているものは多くないので、さすがの度胸と感じます。

飛鳥時代を描いた黒岩さんの作品としては、この他に推古女帝と三輪逆《みわのさかう》との恋を中心に据えた『紅蓮《ぐれん》の女王──小説 推古女帝』、物部守屋と蘇我馬子の対決を描いた『磐舟《いわふね》の光芒《こうぼう》──物部守屋と蘇我馬子』があります。その少し前の時代の『北風《きたかぜ》に起《た》つ』では、継体天皇の大和進出が描かれています。時系列に沿って読むと、より時代の流れをつかみやすいのではないでしょうか。

藤ノ木古墳に葬られたのは誰か

四冊目は、これもまた珍しい視点からの作品として、藤ノ木陵《ふじのきりょう》さんの『天駆《てんか》ける皇子《みこ》』をあげます。

この本の主人公は、穴穂部皇子《あなほべのみこ》（本作では穴穂部王子）です。欽明天皇の皇子の一人で、母は蘇我稲目《いなめ》の娘の小姉君《おあねのきみ》です。橘豊日皇子《たちばなのとよひのみこ》（本作では豊日王子。用明天皇）や額田部皇女《ぬかたべのひめみこ》（推古天皇）は異母兄妹にあたります。

政界のドンである蘇我馬子から見れば、いずれも甥姪《おいめい》なのですが、馬子は実姉の堅塩媛《きたしひめ》の子である豊日や額田部ばかりひいきし、異母姉の小姉君の子たる穴穂部や泊瀬部《はっせべ》には冷淡でした。ゆえに、穴穂部は位の周辺にいながら、いつも栄光を逃してしまいます。そんな非情な皇位継承争いを描きました。

穴穂部は気性の荒い男ですが、愚昧《ぐまい》というわけではありません。ところが、運命の神様にほほえんでもらえず、常に二番手三番手に甘んじざるをえません。その鬱憤《うっぷん》が彼をなおのこと破壊的な行動に走らせるのです。

穴穂部皇子といえば、亡き夫敏達の喪に服している皇太后、額田部のもとへ忍んでいった蛮行で知られます。本作ではこれを、穴穂部を失脚させるために額田部と馬子がしくんだたくらみとしました。穴穂部は殯宮《もがりのみや》の警護に当たっていた三輪逆《みわのさかう》に難詰《なんきつ》され、逆切れして逆を殺し、結局、自身も成敗されてしまいます。

要するに罠にかかりやすい哀れな皇子なのですが、では、そのような穴穂部に著者が注目したのはなぜなのでしょうか。

それは、斑鳩《いかるが》の法隆寺の近くで発見された一つの古墳が契機となっています。藤ノ木《ふじのき》古墳です。六世紀末の特徴である小型の円墳の石棺の中から、二体の人骨と、東アジアでも類を見ない、すばらしい金銅細工《こんどうざいく》の馬具が出土したのです。

二体の人骨には大小があり、当初は夫婦かと目されましたが、のちに男性二人という説が濃厚になりました。では、この時期に同時に死に、このような副葬品《ふくそうひん》をもって弔《とむら》われた王族とは誰

藤ノ木陵『天駆ける皇子』(講談社)

なのか。いろいろ推測がなされた末に、蘇我馬子に謀殺された穴穂部皇子と宅部皇子《やかべのみこ》ではないかという説が浮上したのです。

大王になれなかった二番手の男と、質素な墓と、不釣りあいに豪華な馬具。この三つの組み合わせが、藤ノ木さんの想像を強く掻き立てたのでしょう。

この小説には二つの並行したストーリーの流れがあります。一つは皇位継承争いに翻弄される穴穂部皇子の流れ。もう一つは、渡来の職人の司馬村主《しばのすぐり》が率いる鞍作り《くらつく》の集団の流れです。

司馬村主は大臣《おおおみ》蘇我馬子の下で一族を繁栄させることに汲々《きゅうきゅう》としています。まつりごとの世界に権力闘争があるように、職人の世界にも生き残りをかけた闘いがあるのです。くだんの馬具は、もともと蘇我馬子が新大王の用明に献上するために注文したものだったのですが、馬子におもねりたい司馬村主はこれまでにない革新的な鞍をこしらえようと、畑違いの刀装工の新羅人、長順《ちょうじゅん》に装飾加工を命じました。飾り太刀に用いる透かし彫りや象嵌《ぞうがん》などの細工を馬具にほどこしたら、さぞかし美しいものができるだろうと思い描いたのです。

自分の手技に誇りを持つ長順は、専門外の仕事に不承不承取りかかるのですが、その作業場へある日、穴穂部皇子が現れます。そして豪華な馬具に目を留め、くれと所望しました。親方の村主は断りますが、それが馬子の注文で、大王用明に献上されるべきものであると知ると、穴穂部は例によって憎悪の炎を燃やします。そのまなこを見た瞬間、長順の心になにかが焼きつけられるのです。

長順は当初予定していた意匠を変更し、鞍の後輪《しずわ》の部分に「クイシン」を彫ろうと決めます。クイシンとは「鬼神」のことです。穴穂部皇子の双眸《そうぼう》から射るように放たれた怒りが、どうしてもそれを彫らねばならぬという気にさせたのです。

その後、大王用明は疱瘡《ほうそう》に冒され、あえなく世を去ります。穴穂部は物部守屋と組み、いよいよ自分の出番かと奮起します。が、それもつかのま、馬子と額田部の共謀によって葬り去られるのです。

穴穂部皇子とともに殺された宅部皇子は、卑母の出生のため皇位継承から脱落していた王子で、穴穂部にとっては唯一愛する弟でした。そのため、穴穂部とともに始末されたのです。

物語の最後、弑《しい》された二人は別々の墓を作るのも面倒として、同じ棺《ひつぎ》に入れられます。そして、祟《たた》りを防ぐために、司馬村主のもとで作られていた絢爛《けんらん》な馬具——用明天皇が亡くなり、納めるべき相手を失ったむなしい宝飾品——が添えられます。金色燦然《こんじきさんぜん》と輝く鞍に向かって、馬子は「せめてもの手向けだ」とつぶやきますが、長順は違うと思います。

蓮華座《れんげざ》の支柱に押さえつけられた鬼神が、苦悩の炎を噴きあげています。——この馬具は、初めからここへ収まるべきものだったのだ。

ある時代の一瞬を切り取り、それによって、時代全体の空気を描き出す筆さばきがあざやかだと感じました。

アマテラス女神の創出

それでは、先ほど言いさしになった、厩戸皇子《うまやどのみこ》について私自身が考えていることを少し述べたいと思います。

この皇子については、『高天原《たかまのはら》——厩戸皇子の神話《かみばなし》』という小説を書いたときに四苦八苦したので、一種の身内のような親しみがあります。

わが国最古の史書といえば『古事記』(七一二年)が知られていますが、それより前に、厩戸皇子と蘇我馬子《そがのうまこ》が『天皇記《てんのうき》』『国記《こっき》』という、この国初の史書を創ったという伝説があるのです。

　二人がこれに取り組んだのは六二〇年といい、厩戸皇子はその二年後に亡くなり、馬子は六年後に没します。その後は編纂を手伝っていた渡来人の船史《ふねのふひと》によって守られたと伝わるのですが、現物が残っていないので事実かどうかはわかりません。しかし、これを事実とみなして思いきり空想をふくらませてみたのが本作なのです。

　その幻の史書には、『古事記』の原形となるような創世神話が記されていたのではなかろうか。その神話の中では、時の大王である推古《すいこ》女帝をモデルとして高天原のアマテラス女神が創造され、大臣馬子をモデルとしてアマテラスの参謀《さんぼう》たるタカギの神（タカミムスビ）が創造されたのではなかろうか。厩戸の子であり、馬子の孫に当たる山背大兄王《やましろのおおえのおう》をモデルとして、高天原から地上に降る天孫ニニギノミコトが創造されたのではなかろうか――。

周防柳『高天原』（集英社文庫）

　そんな曲芸めいたことを書いてみました。もちろん、その神話を考えたのは厩戸皇子という設定です。史料的な裏づけはなにもありません。

　ここでわが国の皇祖神アマテラスオオミカミについてじゃっかん補足しますと、そのそもその原点は、天から聖なる日輪の子が降ってきて、この国土の支配者となった——といった、ごく素朴な祖先崇拝であったと思います。よく似た神話は朝鮮半島や大陸にもみられます。

　また、類似の神話から推測して、この皇祖神はあるときまで男神だったのだろうと思います。それが途中から女神として造型し直されたならば、そこにはよほど大きな転機があったとみるべきで、この国の大王そのものが女性に代わったときしかありえないように感じます。とすると、本邦に初めて登場し、人々に大きなインパクトを与えたであろう推古女帝が皇祖神に重ねあわされたという想像も、それほど的外《まとはず》れでもないのではないでしょうか。

　推古女帝は本邦初というだけでなく、異例の長期政権でもありました。短命な人であれば一生分に相当するほどです。女性大王の時代がそれほどえんえんと続けば、皇祖神のイメージもおのずと塗り替わろうというものです。

　ちなみに、アマテラスという神様はあくまでも大王家の祖先として現実に近い存在であり、もっと上位に位置する万物創造の自然神（イザナギ、イザナミより以前の神々）とは切り離して考えるほうがよいように感じます。

アマテラス＝推古女帝説の傍証とまではいかないかもしれませんが、一つ注目すべきことがあります。当時の大王はほぼ必ず皇女の中から斎宮《さいぐう》（皇祖神の妻）を選んで伊勢の社《やしろ》へ送っていたのですが、推古女帝の治世からしばらく中断するのです。これは、アマテラス神が女性に変わったため、妻が不要になったことの表れなのではないでしょうか。

卑弥呼《ひみこ》の伝説も、女神の創出に一役買ったかもしれません。下々の民たちは大昔の巫女《みこ》王《おう》のことなど知らなかったでしょう。しかし、廟堂の首脳陣は当然、中国の史書（『魏志倭人伝』）にも目を通していたと思います。

なお、このときすでに「アマテラスオオミカミ」という神名があったかどうかはわかりません。もっと後世につけられたのかもしれません。私は厩戸皇子が思いついたというニュアンスで書いてみました。

仏教おたくのひきこもり皇子

もう少し厩戸皇子の話を続けます。

この小説において、私は厩戸皇子をまるきり政治性のない、あるいは政治的なことを極端に忌避《きひ》している皇子として造型しました。社交にも縁がなく、なんなら女にも興味がなく、俗的なこととはいっさいかかわりたくない。いまでいうところの「おたく」です。だからといって無能なわけではなく、学問的には天才で、仏教、儒教の造詣《ぞうけい》もめっぽう深い。理想も高い。しかし、世渡りはうまくない。やや失礼かもしれませんが、そんな人物であるからこそ、あの馬子との衝突も回避し、コンビを組めたと考えたのです。飛鳥《あすか》を離れて斑鳩《いかるが》に引っ越したのも一種の隠遁《いんとん》で、「ひきこもり」に近かったというのが、私の抱くイメージです。

先ほど聖徳太子否定説にのっとって書かれた小説はほとんどないと申しましたが、もしかしたら、私の書いたものがいちばん否定説に近いかもしれません。

作中で皇子のすべての人生、すべての事績に触れたわけではないのですが、あらかじめ想定したことを、以下に記します。

まず、厩戸皇子を推古朝の「皇太子」とは考えませんでした。皇太子とは、現大王が生存中に次期大王となるべき人物を決めることですが、この制度が有効になるのは持統《じとう》朝以降で、もう少し大まかにとらえるとしても、中大兄皇子《なかのおおえのみこ》が嚆矢《こうし》だろうと思います。

そもそも「皇太子」というものは「譲位」とセットにしなければ、あまり有効に機能しません。大王が存命でなければ、その希望がきちんと実行される保証がないからです。しかし、このころはまだ、大王の生前退位という発想がないのです。

厩戸皇子が「摂政《せっしょう》」であったとも考えませんでした。馬子が姪の炊屋姫《かしきやひめ》（額田部皇女、推古天皇）を大王としたのは、傀儡《かいらい》とまでは言わぬまでも、わが意のままになる主君を求めたからでしょう。だとすれば、その目論見《もくろみ》をなし崩しにするようなポストをさらに新設したとは想像しにくいのです。

女性大王というやや頼りない主君の補佐とするためだった、とはよくいわれます。けれども、厩戸皇子自身も若すぎて大王位に就けなかったそうなので、その人物に「万機《ばんき》（すべての政治的決定）をことごとく委ねる」――『日本書紀』にそう書かれています――というのは矛盾に感じます。逆に、万機をことごとく委ねたいほど優秀な皇子ならば、多少無理をしてでも馬子が補佐して大王にすればよかったのです。前代未聞の女帝を立てることと、単なる年齢の壁と、どちらのハードルが高かったでしょうか。

「冠位十二階」や「憲法十七条」といった大きな政策は、馬子主導で行われたのだろうと思います。とはいえ、学問的な知識の面は、厩戸皇子がかなり力を貸したかもしれません。六〇七年の「日出《ひい》ずる処《ところ》の天子」の国書は厩戸の筆でしょう。厩戸皇子による経典注釈や講義は、一部を除いて、伝えられていることに近いと考えたいです。

いちばんの鬼門《きもん》は、例の『隋書』「倭国伝」六〇〇年のアメタリシヒコとは誰か（誰が想定されているのか）、および、六〇八年に裴世清《はいせいせい》が対面した大王は誰かという問題です。これに関してはできれば避けて通りたいと頭を抱えるのですが、ぎりぎり厩戸よりは馬子の可能性が高いのではないかと感じます。真実はわかりません。しかし、『隋書』の記述を読めば読むほど、それ以外にないように思えるのです。

もっとも、馬子が本当に大王位に就いていたわけではなく、女帝を認めていない相手をおもんぱかっての虚偽だったと、とりあえずは考えます。

たとえば、「アメタリシヒコという名のオオキミ」に「キミと呼ばれる妻がいる」とところまでは、厩戸皇子でもおかしくありません。けれども、「六、七百人もの女たちがいる後宮」は、まるで実態にそぐわないのではないでしょうか。数の誇張の問題だけでなく、当時、厩戸皇子はさして広くもない磐余《いわれ》の上宮《かみつみや》に住んでいたはずなので、このような表現が出てくること自体そもそも奇妙です。

「太子はワカンドオリという」も気になります。

この場合の「太子」とはただ王の子という意味ではなく、きちんとした後継者を意識していて、実際にそういう存在がいたからこそ話題にあがっているように感じられます。しかし、厩戸皇子はこのとき二十七歳です。長男の山背大兄王の生年は不明ながら、おそらく幼児です。当時は大王はもちろん、後継者となるべき皇子も、ある程度長じて人品《じんぴん》が明らかになるまで決められることはありませんでした。赤子の皇太子でもよいことになったのは、百年以上ものちです。

一方、馬子を大王と想定して回答したならば、太子は蝦夷《えみし》となります。あるいは、通説どおり厩戸皇子が皇太子であったのなら、ずばり厩戸皇子のことでしょう。

では、六〇八年の裴世清との会見は、どのようになされたのでしょうか。

たしかに大王を男性にみせかけたことは虚偽ではあります。けれども、推古天皇は女性であるがゆえに、どのみち御簾《みす》の内だったでしょうし、平時でも人前には顔をさらしていなかった可能性があります。これに対し、馬子は常から大王のように上座に座り、群臣から恐れられ、かしずかれていたのではないでしょうか。してみると、隋の使節団の前でも、さほど特別な芝居をしていたわけではないのかもしれません。

正解はわかりませんが、これが『隋書』「倭国伝」の謎について、私がかろうじて想像しているところです。

推古女帝というワイルドカード

最後に推古女帝について少し触れ、この章を終わりにしたいと思います。

繰り返しになりますが、女性の大王は本邦初——、否、中国にも朝鮮三国にも例のなかった存在です。ゆえに、これを担いだ馬子の思いきりはなかなかのもので、たぶん反対の声が囂々《ごうごう》とあがるのを力ずくで押さえての実現であったと想像します。そして、結果的には三十有余年というまれにみる長期政権が実現したのですから、その強行突破は大成功であったわけです。

それにしても、馬子はなぜ女帝の創出をもくろんだのでしょうか。稀代の策謀家ですから、そこにはかなりの意図があったはずです。最大の理由は、大王家の外戚として地位を独占するためだったと私は思っています。

大王にきさきを入れて子を生ませ、藤蔓《ふじづる》のようにからみついていく戦略は、仁徳《にんとく》朝に葛城《かつらぎ》氏が始めました。その手法を欽明朝で稲目《いなめ》がまねし、馬子の代に見事に花開きました。いったん成功してしまえば、他の豪族にはしばらく同じことをさせたくないでしょう。しかし、大王にわが娘を捧げんとする他氏の動きを完全に封じることは難しいと思います。

たとえその娘が恐るるに足らぬ身分であったとしても、大王が惚れ込んでしまえばなにが起こるかわかりません。天智天皇《てんじ》の采女《うねめ》の伊賀宅子娘《いがのやかこのいらつめ》が生んだ大友皇子《おおとものみこ》が跡取りとなったように、寵愛次第では異例の出世をとげることがありえます。

そんな危険にびくびくするくらいなら、大王のほうを女性にしてしまえばよいわけです。

事実、推古女帝が位に就いて以降、にぎやかな飛鳥の中でも王宮の閨《ねや》だけは真空地帯のように静かになりました。その意味では、『隋書』「倭国伝」に後宮の繁昌が記されているのはたいへんな皮肉です。当然ながら、女帝の長い在位中、新たな皇子は一人として生まれませんでした。寂しいといえば寂しいことです。けれども、そのおかげで馬子は万全の独裁体制を築くことができたのです。

では、推古女帝その人はどのような人物だったのでしょうか。

記紀を読む限りでは、「聖徳太子」の功績ばかりが目立ち、ことさらに強い印象はありません。あまり政治的でもありません。かといって、馬子に操られるばかりの人形だったかといえば、それもしっくりこないのです。ときどきふっと顔をのぞかせる記述に鋭さがあり、独特の存在感を感じます。

私がイメージするのは、表面は静穏でありながら、底のところに鋼《はがね》のような粘りと強さを秘めている女性です。もっと言えば、ずっと沈黙していて、最後の最後にすべてをひっくり返してしまうジョーカーのような存在です。

それを如実に感じるのは晩年です。まず厩戸が亡くなり、続いて馬子が亡くなり、推古女帝が最後に残るのですが、そのとたん、長らく保たれてきた大王家と蘇我氏と上宮王家の均衡が崩れます。蝦夷と推古女帝の関係はぎくしゃくし、蝦夷と山背大兄王も不仲になります。推古女帝はみずからの後継者として、微妙な表現によって田村皇子《たむらのみこ》（舒明天皇《じょめい》）を希望してみまかり、それまで火が消えたようになっていた欽明《きんめい》の直系が、ほのかに息を吹き返します。

改めて系図を眺めてはっとすることがあります。推古女帝は母方から蘇我の血を受け継いでいて、蘇我系大王としての側面が強調されがちですが、そもそも欽明天皇の息女であり、夫も欽明の嫡子の敏達《びだつ》天皇です。つまり、蘇我系と欽明系のちょうど中間に位置し、どちらにも転べるキーパーソンであるわけです。

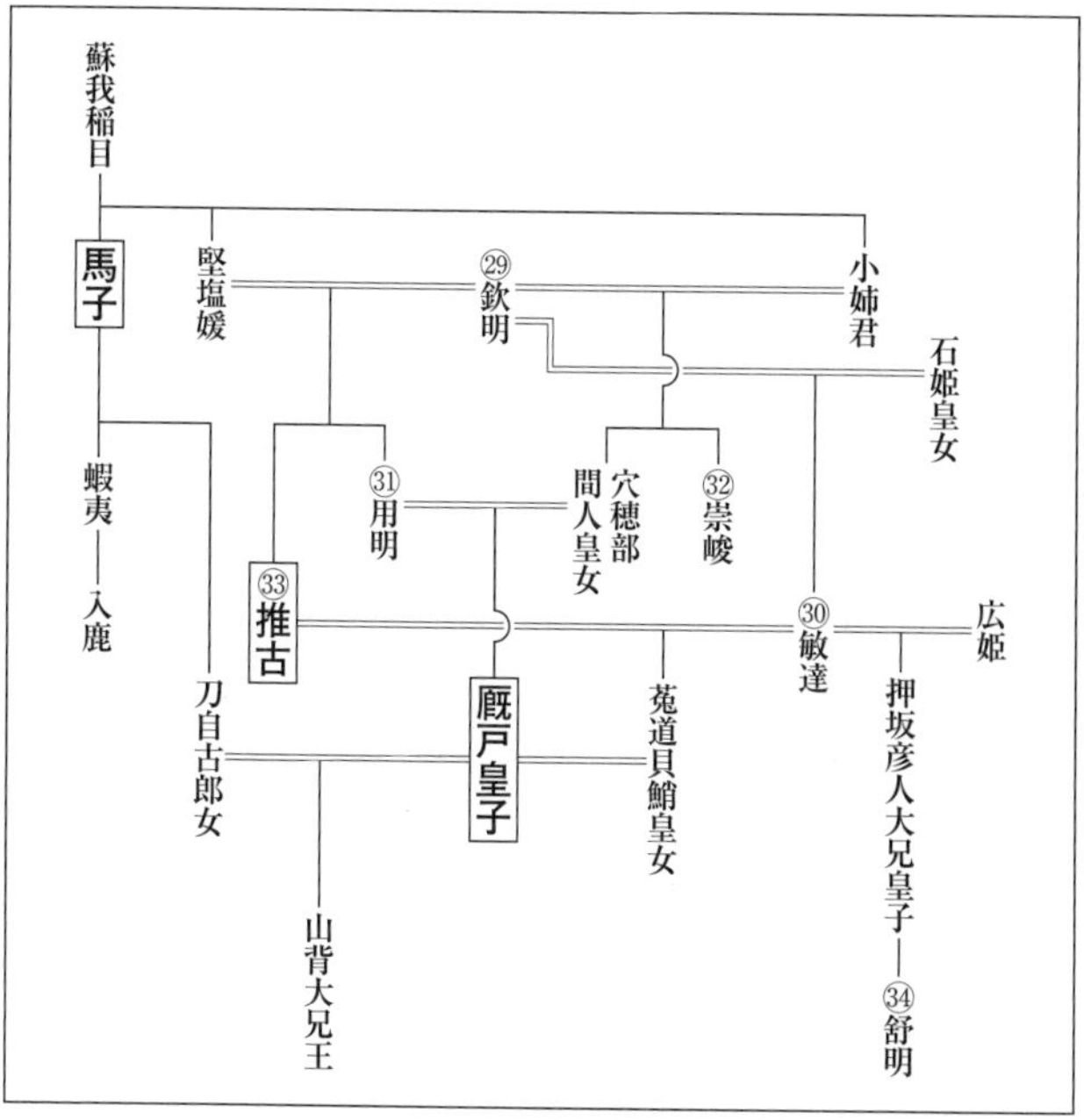

図4-2　蘇我馬子・推古天皇・厩戸皇子の関係系図

その強みを生かし、逆転劇よろしく蘇我氏に奪われていたものを取り返したともいえます。私もそのように描きましたし、先にあげた小説の中では、三田さんがこれに近い感触を持っておられたかと思います。

　女性をジョーカーと表現するのが適当でなければ、ワイルドカードを持っていた人とでも言いましょうか。そのカードによって転轍《てんてつ》された路線はやがて田村の子たる中大兄皇子を乗せて疾走し、蘇我宗家は滅ぼされることになるのです。

先ほど皇祖神の神話について愚考しましたが、一般にはアマテラス女神は推古女帝ではなく、持統女帝に擬して藤原不比等《ふじわらのふひと》が創作したといわれることが多いです。先にもお名前をあげた大山誠一氏や、新京都学派の上山春平《うえやましゅんぺい》氏、梅原猛氏などが興味深い説をたくさん展開しておられます。

とはいえ、記紀神話にみえるアマテラスは持統女帝のように激しい母性に衝《つ》き動かされているわけではなく、持統女帝のように策謀に長《た》けているわけでもなく、たたずまいとしてはむしろ推古女帝のほうに近いように、個人的には感じます。

自分の考えを擁護するつもりはありませんし、そもそもまったくの想像ではあるのですが、おなじみの藤原不比等陰謀説以外の可能性が成り立つとしたら、ちょっとおもしろい気はいたします。

本書の冒頭にも申しましたが、小説は思考実験の場であり、仮説をシミュレーションしてみるための、またとない舞台なのでありますから。

第五章　天智と天武は兄弟か

——対立から見た白村江、壬申の乱

「古代最大の事件」のそろい踏み

前章に続き、この章では飛鳥《あすか》時代の後半のお話をいたします。七世紀中葉から末にかけてのこの時代は、古代史のうちでももっとも緊迫した半世紀で、「古代最大の」と呼ぶべき事件が三つも起こります。

すなわち、

・古代最大のクーデター、「乙巳《いっし》の変」
・古代最大の外戦、「白村江《はくそんこう》の戦い」
・古代最大の内乱、「壬申《じんしん》の乱」

です。

波乱に満ち、謎も多く、歴史好きの人にとっては興味の尽きない一時期といえるでしょう。時代の主役は中大兄皇子《なかのおおえのみこ》（天智《てんじ》天皇）と大海人皇子《おおあまのみこ》（天武《てんむ》天皇）の兄弟という、これまた古代最大のキャラクターです。

むろん、彼らだけでなく、中臣鎌足《なかとみのかまたり》、額田王《ぬかたのおおきみ》、鸕野皇女《うののひめみこ》（持統《じとう》天皇）などなど、脇役たちもたいへん個性豊かです。

ネタに事欠かぬぶん創作の世界も花盛りで、正統派の歴史文学から、ミステリー仕立ての小説、奇抜な説にのっとったエンターテインメントまでそろい踏みしています。できるだけ多くのタイトルをあげたいと思います。

では、今回の舞台となる飛鳥時代後半の流れを、三大事件を含めてざっと眺めておきます。

大臣《おおおみ》馬子《うまこ》によって揺るがぬ地位を築いた蘇我《そが》氏は、その後さらに権力を拡大し、蝦夷《えみし》と入鹿《いるか》親子の代に至って大王の権威を脅かすほどになります。推古《すいこ》女帝の跡を継いだ舒明《じょめい》天皇（三十四代）も、その後の皇極《こうぎょく》女帝（三十五代）も彼らの言いなりで、これを憎んだ皇極の子、中大兄皇子は腹心の中臣鎌足とはかり、彼らの誅滅《ちゅうめつ》を企てます。朝鮮三国（三韓＝高句麗《こうくり》、百済《くだら》、新羅《しらぎ》）からの使節を飛鳥板蓋宮《あすかいたぶきのみや》に迎えるという偽りの式典を開催し、入鹿をおびき出し

蘇我入鹿首塚（奈良県明日香村）

てまず弑《しい》し、のち、蝦夷を甘樫丘《あまかしのおか》の邸に襲いました。六四五年の「乙巳の変」です。

宿敵を除いた中大兄は政治の一新のため、母の皇極に譲位を求め、叔父の軽皇子《かるのみこ》を位につけ（三十六代孝徳《こうとく》天皇）、都も飛鳥から難波《なにわ》に遷《うつ》します。そして、「公地公民《こうちこうみん》」「租庸調《そようちょう》の税制」「班田収授《はんでんしゅうじゅ》の法」など、新しい中央集権国家を目指した一大政治改革に乗り出しました。これを「大化《たいか》の改新《かいしん》」といいます。

しかし、既得権を奪われることになった豪族たちの反発は予想を超えて大きく、中大兄は邪魔になる者たちを「謀反《むほん》を企てた」という名目のもとに次々粛清《しゅくせい》していきました。古人大兄皇子《ふるひとのおおえのみこ》、蘇我倉山田石川麻呂《そがのくらやまだのいしかわまろ》、意見の合わなくなった孝徳天皇ですら十年に満たず切り捨て、難波の都も捨てて飛鳥に戻り、母であり先代である皇極女帝を返り咲かせました。史上初めての重祚《ちょうそ》となった三十七代斉明《さいめい》女帝です。

当時中大兄皇子は三十歳で、大王となるには十分な年齢でしたが、みずからの襲位を避けたのは、母親を盾《たて》として非難の矛先《ほこさき》をかわしつつまつりごとを行うという高等戦略であったといわれています。形のうえでは皇子ですが、明らかに大王に準じる立場なので、「次代に大王となることが決定している」という意味で、このときの中大兄皇子が歴史上「皇太子」と呼ばれる存在のさきがけと私は思っています。

かくのごとく順風満帆とは言いがたい政局に、さらに波乱が加わりました。海の向こうの情勢です。大陸では唐が朝鮮半島への攻勢を強めており、三韓は生き残りをかけてしのぎを削っていたのですが、強豪の高句麗を攻めあぐねていた唐が六六〇年、一転して新羅と同盟し、百済を攻め滅ぼしてしまったのです。「遠交近攻《えんこうきんこう》」（遠くの敵と結び、近くの敵を挟み撃ちにして攻め取る）と呼ばれる唐の得意のやり方でした。

生き残った百済の将たちは憤懣《ふんまん》やるかたなく、倭国に救援の要請をしてきました。倭国にとって百済は長年の友好国ですし、新羅に対しては任那《みまな》（伽耶《かや》）を奪われたことの悪感情が根強くあります。中大兄皇子は求めに応じ、六六三年、朝鮮半島西岸の白村江にて唐の水軍と相まみえます。

しかし、結果は惨敗でした。倭国船団は木の葉のように蹂躙《じゅうりん》され、筑紫《つくし》の陣中で斉明女帝もみまかり、痛手ばかり残されてしまいました。

敗戦国となった倭国は、万一の敵襲に備えて防衛設備の設置に大わらわとなります。中大兄はさらに飛鳥の都を棄て、より内陸の近江《おうみ》へ遷都します。よもやの際の東国への後退などを考慮した措置でしたが、同時に、国内政治における敵味方を選り分けるための作戦でもありました。

そして、中大兄皇子はここへきてようやく大王位に就きます。三十八代天智天皇です。自分のまわりはシンパの側近で固め、祖国滅亡により大量に流入してきた百済人も積極的に登用しました。

ところが、この近江の新体制は飛鳥の旧勢力との対立を助長するのみならず、もう一つ、深刻な亀裂を生むこととなりました。

それは、弟の大海人皇子との確執《かくしつ》です。大海人皇子は長く兄の片腕として働き、兄の娘（鸕野皇女、大田皇女《おおたのひめみこ》ら）を四人もきさきに迎えて血縁の紐帯《ちゅうたい》もかため、周囲からは次期大王と目されていました。しかし、政治の方針や白村江の敗戦処理などをめぐって相容《あいい》れぬものが増えていったのです。

さらに、二人の溝を深めたのは天智の子の大友皇子《おおとものみこ》の存在でした。大友を溺愛する天智は、その成長にしたがって自分の跡を継がせたい気持ちを強めていきました。

近江遷都から四年後、天智は今後をにらんで大友皇子を首班（太政大臣《だじょうだいじん》）とする新しい体制を発足させます。大海人は人事から外され、ここにおいて兄弟の決裂は不可避となりました。

その数カ月後、天智はやまいに倒れるのですが、この組閣のときすでに自分の身体の異

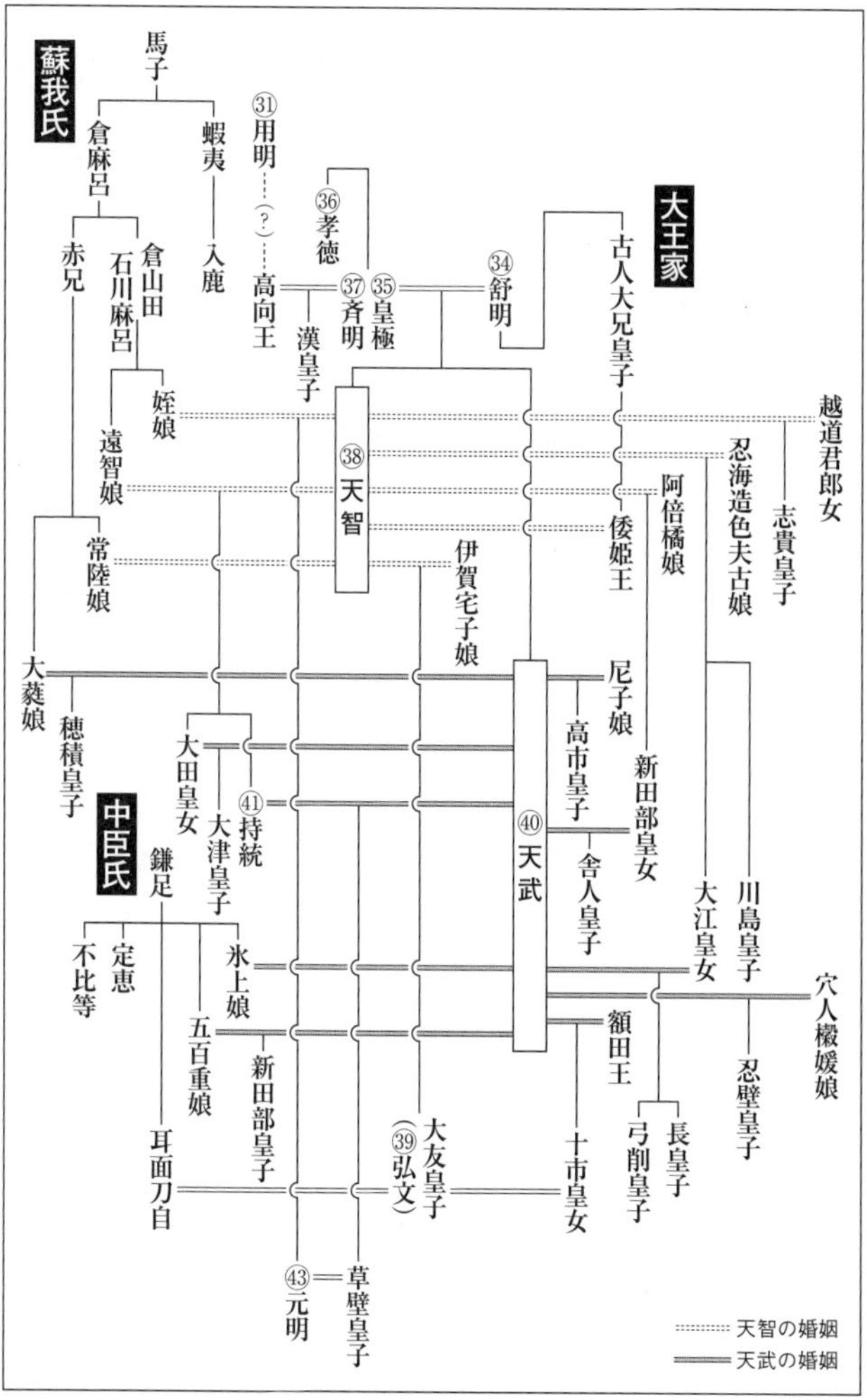

図5-1　天智・天武の婚姻関係図

変を自覚していて、そのために大友へのバトンタッチの準備を早めたのかもしれません。

伝えによると、いよいよ危篤《きとく》となったとき、天智は大海人を病床に呼び寄せ、大王の座を譲りたいと持ちかけたとされています。それを聞いた大海人は即座に辞退し、法体《ほったい》となり、妻の鸕野と子の草壁皇子《くさかべのみこ》らを連れて吉野へ退去しました。それは、ここで位への執着をいささかでも見せれば、いままで兄に葬られた人々と同じく「謀反《むほん》の疑いあり」として断罪されるに違いない——と、危惧したからといわれています。

天智天皇はそれから間もなく世を去り、近江政権は大友皇子が受け継ぎます。

一方、吉野の大海人はひそかに飛鳥の守旧派や反百済派、美濃の食封地《じきふち》（私領）の人々などに働きかけ、同志を増やしていきます。そして、約半年後の六七二年六月、猛然と反旗を翻すのです。「壬申の乱」の勃発《ぼっぱつ》です。

近江朝廷側は予想だにしなかった事態に騒然となりました。大海人側に不破《ふわ》、鈴鹿《すずか》の関所を押さえられ、東国の兵は集めることができません。右往左往するばかりで統制も取れず、敗戦に敗戦を重ね、ふた月もたたぬうちに攻め滅ぼされてしまいました。

戦いに勝利した大海人皇子は都を飛鳥に戻し、浄御原宮《きよみはらのみや》を新たにいとなみ、即位します。四十代天武天皇です。

そのかたわらには、吉野落ちの日からつねに夫に寄り添い、潜行から再起にまで協力した皇后鸕野（のちの持統女帝）の姿がありました。

二人は力を合わせ、天智の代には成し遂げられなかった中央集権国家の建設に向けて歩き出します。

以上のようなところが、通常語られる歴史の流れです。

しかし、小説の世界では必ずしもこのとおりには描かれません。書き手の解釈が加わり、独自の人物造形がなされ、異説が組み入れられ、万華鏡《まんげきょう》を覗くようにとりどりの姿となって立ち現れてきます。

では、そんな作品たちを紹介していきましょう。

額田王をめぐる三角関係

まずは、井上靖《いのうえやすし》さんの名作、『額田女王《ぬかたのおおきみ》』です。

物語は大化の改新後の難波宮《なにわのみや》から始まり、壬申の乱で近江朝廷が大海人皇子に敗れるまでが描かれます。

主人公はタイトルに示されるごとく額田王（本作では額田女王）ですが、井上さんらし

井上靖『額田女王』(新潮文庫)

く、額田王個人よりも、「時代が主人公」というべき広範な視点となっています。正調な文章で折り目正しくつづられているので、この時代の小説を初めて読む方にもおすすめです。

歴史の解釈は中立的ですが、際立った特徴が一つあります。それは、大海人皇子よりも中大兄皇子に共感を寄せていることです。

中大兄、大海人の兄弟は古来、兄が悪玉、弟が善玉として語られてきました。善玉悪玉という表現が強すぎるなら、兄がいやな奴、弟がよい奴、と言ってもよいでしょうか。

兄中大兄は猜疑心《さいぎしん》旺盛で、わが子可愛さに目がくらみ、最後には血を分けた弟まで排除しようとした。対する弟大海人のほうはみなに慕われた人格者で、そもそも大友が割り込んでくる前は正統の皇位継承予定者であった。ゆえに壬申の乱が起きたことは必然であり、大海人が皇位を簒奪《さんだつ》したわけではない——といったトーンです。

いまではこのような解釈をする人は少なくなったかもしれませんが、本作が発表された一九七〇年ごろには大海人びいきが一〇〇%に近かったはずなので、井上さんはかなり思いきった試みをされたといえます。

となると、その人物造形の源が奈辺《なへん》にあったのかが気になります。私は井上さんが兄弟と額田王の有名な三角関係を存分に考察した結果、導き出した答えだったのではないかと想像しています。

額田王の経歴については諸説あるのですが、本作では宮中の祭事にかかわる家の生まれとしています。そして、みなさんもご存じのように、『万葉集』を代表する女流歌人です。このころの「歌人」のつとめは後世のそれとは異なり、儀式などの場で神の声を聞き取り、ことほぎの歌として詠いあげることが仕事でした。ある意味では巫女《みこ》的な存在です。

通常、彼ら三人の関係については、大海人と額田王が相愛の仲であったものを、中大兄が横あいから引き裂いたといわれています。額田は子（十市皇女《とおちのひめみこ》）までなした夫に心を残しながら、時の最高権力者である中大兄に泣く泣く従った——と。しかし、井上さんはそうは考えないのです。

たしかに結ばれた順序は大海人が先、中大兄が後です。けれども、額田の意は最初から中大兄のほうにあったと描くのです。その理由を説明するのは少々難しいのですが、声なき声を感受して歌を詠む額田の特殊な才能を想像したとき、その琴線《きんせん》に触れるのは、大海人のような野性的な男の雄叫《おたけ》びではなく、中大兄のように神経質な男の呻《うめ》きだと直観されたのではないでしょうか。

本作の中大兄はしばしば描かれがちな性悪男《しょうわる》ではなく、重荷を背負っていばらの道を歩む行者《ぎょうじゃ》に似た皇子です。国家の建設のために心を鬼にして闘っているのに、報われることは少なく、敵ばかり増えていく。ことに白村江の敗北ののちは、その身にのしかかる重圧は甚大となります。

改革を実現するために葬った者や、異国で戦死した兵士たちの魂魄《こんぱく》が、夜な夜な青い鬼火となって浮遊します。中大兄は幾万の恨みの炎に取り憑かれながら、ぎりぎり正気を保って歩みつづけます。その恐ろしい鬼火の群れを、額田もまた目撃します。額田の心が中大兄の傷に寄り添っているからです。

大海人の心は春のように陽性で、直情で、わかりやすいです。対する中大兄の心は雪のように陰性で、屈折していて、わかりにくいです。ふつうの感覚では、大海人のほうが好かれるのかもしれません。けれども、額田はより手強い中大兄に惹かれるのです。

恋愛小説として見た場合、この作品はかなり高度に洗練された一冊といえるような気がします。

私は数年前に『蘇我《そが》の娘《むすめ》の古事記《ふることぶみ》』という小説を書いたのですが、やはり、どちらかというと天智天皇のほうに気持ちを寄せました。その理由について、当時はとくだんの意識もなかったのですが、いま思えば井上さんのこの本にやや影響されていたかもしれません。

本書の執筆のために久しぶりに手に取ってみたら、昔、気になって印や付箋《ふせん》をつけたところでないところがいろいろ気になりました。読み返すたびに新たな発見があることをうれしく思います。

中大兄と大海人という疑惑の兄弟

続いては、井沢元彦《いざわもとひこ》さんの『日本史《にほんし》の叛逆者《はんぎゃくしゃ》——私説《しせつ》・壬申《じんしん》の乱《らん》』です。同じ兄弟を描いても、視点の置きようによってかくも趣《おもむき》の違うものになるというおもしろさを味わっていただきたいと思います。

本作のタイトルは「壬申の乱」ですが、壬申の乱そのものについてはあまり言及されていません。なぜなら、井沢さんの興味は壬申の乱の前段階、つまり、そうなるに至った根本原因のほうにあるからです。

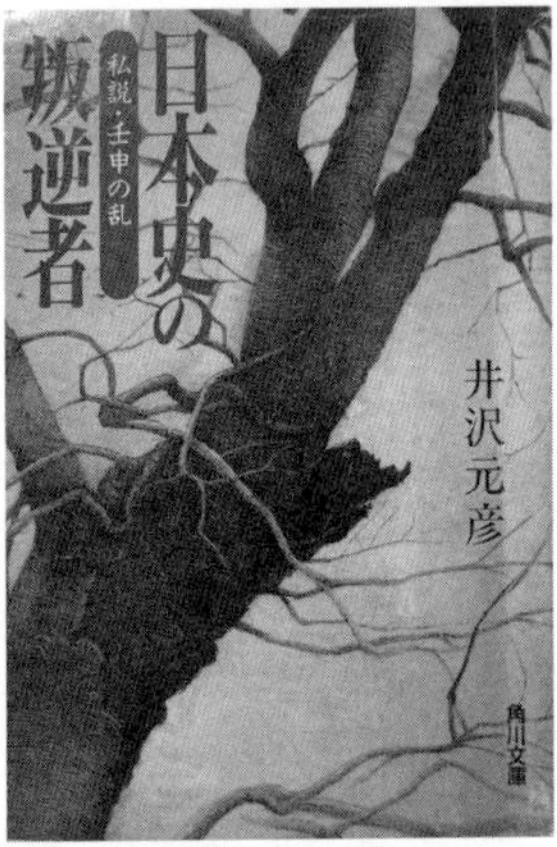

井沢元彦『日本史の叛逆者――私説・壬申の乱』（角川文庫）

根本原因とは、いくさを起こした大海人皇《おおあまのみ》子《こ》（天武《てんむ》天皇）とは何者なのか――という、その一点に尽きます。

天武天皇は古代日本の政治体制を確立した立役者ですが、意外にもその出自は謎に包まれています。第一に、生年が不明です。生年がわからないので没年齢も不明です。前半生の経歴もよくわかりません。『日本書紀』に書かれているのは壬申の乱以後の輝かしい事績がもっぱらで、それ以前はかなりあやふやなのです。

経歴が不明な天皇は、日本史上他にも存在します。しかし、天武天皇ほどの人物としては不自然ですし、『日本書紀』の編纂をいっとう最初に命じた本人なのですから、生年くらい適当に埋めてもよいように思えます。それもしないところをみると、よほどの事情があるのではと勘繰りたくなります。

『日本書紀』ではわからぬ没年齢が、南北朝時代に著された『本朝皇胤紹運録《ほんちょうこういんじょううんろく》』という書物にみえていて、計算すると天智天皇よりも四歳も年上になります。これを隠そうとしたのかもしれません。

そこでさまざまな憶測が飛び交うわけですが、井沢さんが採用しているのは、「天武天皇＝漢皇子《あやのみこ》説」です。

漢皇子とは、彼らの母である皇極《こうぎょく》女帝（宝皇女《たからのひめみこ》）が舒明《じょめい》天皇（田村皇子《たむらのみこ》）に輿入《こしい》れする前に、高向王《たかむくおう》とのあいだにもうけた一子だと『日本書紀』は伝えています。皇極女帝は再婚なのです。高向王という人物は、用明《ようめい》天皇の孫だそうです。

ところが、漢皇子はその後、記録にはいっさい登場しません。この消えた漢皇子こそを、井沢さんは大海人皇子と考えるのです。

これは歴史研究家の小林惠子《こばやしやすこ》氏、大和岩雄《おおわいわお》氏などが唱えられた説で、そうであるとすれば大海人が兄、中大兄《なかのおおえ》が弟になります。四歳年上という先ほどの謎とも符合します。

では、兄の大海人ではなく弟の中大兄が皇極女帝の嫡子とされたのはどうしてでしょう。それは、父親の高向王なる人物がじつは皇孫ではなく、渡来人（新来の渡来人の意）だったからです。「高向」という名から、渡来系の国博士《くにはかせ》として有名な高向玄理《たかむくのくろまろ》の一族を比定する向きもありますが、井沢さんは新羅《しらぎ》からやってきた王族の一人としています。

なぜ女帝がそのような人物と？　と疑問に思う方もおられましょう。が、そもそも宝皇女は欽明《きんめい》天皇から五世、敏達《びだつ》天皇から四世も離れた女王であり、推古《すいこ》女帝の晩年ににわかに脚光が当たるまでは、かなり自由の身でした。当時の倭国には渡来人がたくさんいましたので、新羅の青年と恋に落ちたとしても、さほど不思議ではないのです。

本作ではただ「沙飡《ささん》殿」（新羅の官位名）と呼ばれており、宝が舒明の皇后となったのちも葛城《かつらぎ》の山中に一味とともに潜伏し、倭国の国情を窺いつづけます。そんな事情のため、大海人は長く皇子の地位も与えられませんでした。その名も「漢皇子」ではなく、ただの「漢殿」です。

母の皇極はかつて愛した恋人の子ゆえになんとか取り立ててやろうとしますが、誇り高い中大兄皇子が頑として許しません。それどころか、手下のように扱いつづけるのです。じつのところ、中大兄皇子と大海人皇子がただの兄弟ではないという説は私も気になっていて、その設定で文章を書いたことはまだないのですが、可能性は小さくないと思っています。二人の存命中よりも、むしろ子孫の代に入ってからの大海人（天武天皇）の血の受け継がれ方の中に、不自然なものを強く感じます。

それだけに、井沢さんの主張するいびつな兄弟像は興味深いです。

井沢さんは漢殿を、中大兄皇子が盛んに行った「謀反人潰し」の実行犯として描きます。蘇我入鹿《いるか》を葬った乙巳《いっし》の変の首謀者は中大兄皇子と中臣鎌足《なかとみのかまたり》で、年若な大海人皇子は加担していなかった、と、おしなべていわれます。しかし、大海人が四つも年上であったとすると、その説明は成り立ちにくくなります。本作では当然、漢殿も暗殺劇に参加しています。参加どころか、入鹿を仕留めたのは漢殿なのです。その武器は「槍《やり》」でした。

大海人皇子の槍といえば、中大兄と宴席で喧嘩になり、床に槍を突き立てて震えあがらせたというエピソードが有名です。ところが、作家の豊田有恒さんによると、この国で槍が一般的になるのはずいぶんのちのことで、古代における長柄《ながえ》の武器は「矛《ほこ》」がもっぱらだったそうです。となると、とたんにきな臭くなってきます。大海人皇子は「遁甲《とんこう》」の使い手だったともいわれています。遁甲とは忍術です。倭国の大王家の皇子が、なぜそのような怪《あや》しの技にいろいろと通じているのでしょう。

『日本書紀』には、偽の儀式のとき入鹿に襲いかかる予定だった二人（佐伯連子麻呂《さえきのむらじこまろ》と稚犬養連網田《わかいぬかいのむらじあみた》）が、いざとなると怖気《おじけ》づいて動けなくなったため、中大兄が業を煮やして「剣」で斬りつけたと書いてあります。しかし、その少し前のくだりでは、中大兄は「槍」を持って物陰に潜んでいたとあるのです。一人の人間が剣と槍の両方を持っていたはずはありませんので、大海人もその場にいたことをほのめかしているのかもしれません。

　乙巳の変の当日の模様については、現場を目撃していた古人大兄皇子《ふるひとのおおえのみこ》が言ったという「韓人《からひと》、鞍作臣《くらつくりのおみ》（入鹿の通称）を殺しつ。吾《わ》が心痛《こころいた》し」なる言葉が知られています。はなはだ意味深長ですが、大海人が事実新羅人の子で、入鹿を仕留めたのだとしたら、そのものずばりのせりふです。

　本作では入鹿だけでなく、古人大兄皇子も、左大臣の阿倍内麻呂《あべのうちまろ》も、有間皇子《ありまのみこ》（孝徳天皇の子）も、中大兄皇子に命じられて漢殿が手を下したことになっています。漢殿は傲岸《ごうがん》な弟からずっと汚れ役を押しつけられてきたのです。その恨みが積もり積もって、最終的に壬申の乱として爆発してしまうのです。壬申の乱は天智天皇の跡を息子が継ぐか、弟が継ぐかという単純な皇位継承争いではなかったわけです。

　そしてもう一つ、本作で際立っているのは「天智天皇暗殺」です。天智天皇を大海人皇子があやめるのです。その理由は、いま述べたような怨恨に加えて、大陸の情勢が強く関係していました。

　天智天皇は百済びいきとして知られますが、大海人皇子は当然新羅派です。それだけでも相反しているところへ白村江《はくそんこう》の戦いが起こり、倭国は惨敗しました。国を率いる天智天皇は身の振り方をきびしく考えねばならなくなりました。

唐はその後さらに勢いに乗り、高句麗《こうくり》も滅ぼします。半島に残るのはもはや新羅一国です。かくなるうえは、大国唐の足元に伏すべきなのか。それとも、新羅と結ぶべきなのか。

天智天皇は反新羅の姿勢をかたくなに改めず、唐に与《くみ》することを選びました。そして、息子大友を太政大臣《だじょうだいじん》とし、百済人官僚を大量に含んだ唐風の内閣を組織しました。新羅派の大海人皇子はまったく蚊帳《かや》の外に置かれました。この瞬間、大海人は見る目のない天智に見切りをつけたのです。

すなわち。

いま唐と結んで新羅が滅びれば、次は間違いなくわれわれが狙われるのに、なぜそんな簡単なことがこの弟にはわからぬのか——。

大海人は近江の西の山向こうの山科《やましな》に狩猟に出かけた天智に忍び寄り、ひそかに討ち取ります。そして遺体を片づけ、異変があったことを示すため、わざと沓《くつ》を片方残しました。

『日本書紀』は、天智の死因をあくまでも病死としていますが、数百年後に天台宗の阿闍梨《あじゃり》の皇円《こうえん》が記した歴史書『扶桑略記《ふそうりゃくき》』には、こうあります。

「天智天皇は山科に御幸《みゆき》して、山林に分け入り、そのまま帰らなかった。履いていた沓が落ちていた場所に山陵《さんりょう》を築いた」

そう言われてみれば、天智天皇の陵《みささぎ》だけが同時代の大王や皇子たちと離れ、大和でもなく、近江でもない山科（京都市の東部）にぽつんとあることは大きな謎ではあります。

本作は完全に小説として描かれていますが、ベースとなる論は、井沢さんの定番シリーズ『逆説《ぎゃくせつ》の日本史《にほんし》②古代怨霊編《こだいおんりょうへん》』に展開されています。併せて読むと、なおおもしろいと思います。

入鹿の娘が著した『古事記』

三冊目は、先ほどタイトルを出した拙著、『蘇我の娘の古事記』を取りあげさせていただきます。

この本では、漢皇子＝蘇我入鹿として書きました。すなわち、皇極女帝（宝皇女）と先夫の高向王とのあいだに生まれた子が入鹿というわけです。一つの可能性としてそのような設定を空想したのですが、理由はいくつかあります。

一つは、漢皇子を入鹿とすると、状況的にしっくりくることが少なくないからです。

古代においては、女性の婚姻は必ずしも初婚でなければならぬわけではなかったようですが、舒明（田村皇子）に再嫁する宝皇女にとって、やはり前夫の子は始末に悩んだのではないかと思います。

一方の蝦夷のほうにも、跡継ぎに困っていたようなふしがあります。というのも、父の馬子は娘たちを次々に皇族へ嫁がせ、閨閥《けいばつ》戦略を盛んに行ったのに、蝦夷にはその気配がほとんどみられないからです。妻も不明ですし、入鹿以外に子がいたのかいないのかもわかりません。逆臣という扱いのために子孫の記録が抹消された可能性もありますが、蘇我の本宗家にしては少々寂しすぎるというのが、私のかねてからの疑問でした。

周防柳『蘇我の娘の古事記』（ハルキ文庫）

そこから敷衍《ふえん》して、もしかすると蝦夷には身体的になんらかの事情があって子がなかったのではないかと考えてみたのです。そうであれば、宝皇女からの養子は天からの授かりものとなったでしょう。宝のほうも、子供を時の大臣が引き取ってくれるなら、託し先としては言うことがありません。双方にとって利があります。

いささかアクロバットが過ぎるのか、この考えに同意をいただいたことはありません。けれども、山岸凉子《やまぎしりょうこ》さんが有名な漫画作品『日《ひ》出処《いずるところ》の天子《てんし》』において、蝦夷と厩戸皇子の切ない男色関係を描いておられました。これもまた珍しい設定ですが、一種通じるものがありそうです。もしかしたら、山岸さんも蘇我氏の系図を眺めて、なにか感じるところがあったのかもしれません。

もう一つ大きな理由は、皇極女帝と入鹿の結びつきに違和感を覚えたからです。

歴史上、しばしばこの二人は恋愛関係にあったといわれます。そもそも蘇我氏の極端な傍若無人《ぼうじゃくぶじん》が招かれたのは、皇極女帝の容認があったからであり、たしかに、愛情以外の理由で入鹿があそこまでつけあがることはなかったかもしれません。だからといって、男と女の関係だったでしょうか。

古来、女帝（皇后）という存在は、お決まりのように側近との仲を噂されます。古くは神功皇后《じんぐうこうごう》と武内宿禰《たけうちのすくね》、推古女帝と蘇我馬子、持統女帝と藤原不比等《ふじわらのふひと》、藤原宮子夫人《みやこぶにん》と玄《げん》昉《ぼう》、光明皇后《こうみょうこうごう》と藤原仲麻呂《なかまろ》、称徳《しょうとく》女帝と弓削道鏡《ゆげのどうきょう》。枚挙にいとまがありません。

皇極女帝と入鹿もこの流れから眺められるのだと思います。しかし、私は少々違う気がするのです。

というのも、中大兄皇子が行った飛鳥板蓋宮《あすかいたぶきのみや》での入鹿暗殺劇に、尋常ならざる執念を感じるからです。その手の込んだ騙し討ちぶり、ことに女帝本人の目の前で入鹿をめった斬りにしてみせるなどは、君側《くんそく》の奸《かん》を除いて政道を正したいという正義感からは明らかにはみ出したものがあります。それでいて、母親のふしだらに対する不快感とみるにも異和感があります。古代の人々の貞操観念がいかほどのものだったかわかりませんが、ただ入鹿が母親の恋人というだけなら、ここまで凄まじい殺し方はしなかったように思います。

では、中大兄はなぜそれほど入鹿を憎んだのかと考えたとき、入鹿が中大兄の皇位継承を脅かす存在だったからではないか、つまり、入鹿がほかならぬ女帝の子だったからではないかとひらめいたのです。その可能性の上に、古来謎の存在とされてきた漢皇子の顔のないシルエットが重なりました。

母親の息子に対する愛情は、しばしば恋人に対する愛よりも猛烈になるものです。幼いうちに引き裂かれたような場合はなおさらです。ちなみに、蘇我入鹿の生年は不明ですが、おそらく皇極女帝より十五〜二十歳くらいは年下です。

加えて、もう一つ理由があります。井沢さんがおっしゃるように、漢皇子＝大海人皇子説はたいへん魅力的なのですが、そうすると中大兄皇子は「中」大兄皇子でなくなってしまいます。「中大兄皇子」とは「三人兄弟のまん中」であったことに由来する通称だと私は考えています。してみれば、やはり漢皇子は大海人以外の誰かに求めねばならないわけです。

ややくだくだしくなりました。が、字数を使って述べたのは、蘇我入鹿の意外な正体をキーポイントとしてこの小説を創ったからです。

本作の主人公は渡来人の船史恵尺《ふねのふひとえさか》——厩戸皇子と蘇我馬子のもとで『天皇記《てんのうき》』『国記《こっき》』という史書を編纂した一族の長——の、コダマという盲目の娘です。彼女は父の仕事を受け継ぎ、氏族たちの昔話を集めているのですが、じつは乙巳の変で殺された入鹿の遺児なのです。つまり、皇極女帝の孫にあたります。彼女は赤子のときに、恵尺によってひそかに助けられました。そのただならぬ出自が、やがて悲劇を呼び起こすのです。

壬申の乱の際にその秘密が露見し、ために愛する夫を失い、故郷の河内《かわち》の人々とも離別しなければならなくなります。しかし、彼女は生きながらえて『古事記』を完成させます。そして、名もない語り部として鎮魂のための物語をひっそりと語りつづけていく——という、そんな小説です。蘇我入鹿の娘が著した『古事記』だから、「蘇我の娘の古事記」です。

コダマたちを蹂躙《じゅうりん》した壬申の乱については、吉野山中に逼塞《ひっそく》していた大海人皇子が、なぜいきなり万に及ぶ大軍（数に誇張はあるにしても）を組織できたのかが、私にとっての疑問でありました。この点については、唐軍の襲来に備えて徴集された兵を大海人皇子が巧みに横取りしたという説にのっとって書きました。古代史学の倉本一宏《くらもとかずひろ》氏の著作がおもしろく、いろいろ勉強させていただいたことを申し添えます。

その一方で、そもそも大海人皇子はなぜ天下を二分するほどの大いくさを起こさねばならなかったのか――邪魔者の大友を除くだけでは足りなかったのか――という問いについては、あまり踏み込みませんでした。そこに焦点を合わせるならば、やはり天武と天智の非兄弟説も含めた切り口のほうから迫っていかないと難しいように思います。論文やエッセイと違って両論併記のできないところが小説のきびしさです。

余豊璋と哀しみの白村江

四冊目は荒山徹《あらやまとおる》さんの『白村江《はくそんこう》』です。その名もずばり、古代最大の外征である六六三年の「白村江の戦い」に体当たりした作品です。

白村江の戦いは、飛鳥時代の小説には必ず盛り込まれる必須項目ですが、乙巳《いっし》の変や壬《じん》

荒山徹『白村江』(PHP文芸文庫)

申《しん》の乱に比べると、あまり掘り下げられてこなかった印象があります。国中を震撼《しんかん》させた戦争でありながら、意外に実態がわかっていないせいでしょうか。

その敗因については、中大兄皇子《なかのおおえのみこ》の読みの甘さと、国際感覚の欠如として片づけられがちです。しかし、荒山さんはまったく違う観点からこのいくさを解きました。しかも、主人公は余《よ》豊璋《ほうしょう》という、これまでにたぶん一度も主役になったことがないであろう人物です。歴史の解釈としても、エンターテインメントとしても、際立って斬新です。

物語は六四二年、百済《くだら》王家の内紛の果てに王座を勝ち取った義慈王《ぎじおう》が、亡父の寵《ちょう》を独占していた継室の明珠《めいしゅ》と幼な子の豊璋を絶海の孤島で殺そうとするところから始まります。残忍な死刑執行人は、義慈王の腹心の鬼室福信《きしつふくしん》です。すでに明珠は凌辱の果てに首を刎《は》ねられており、続いて豊璋の命が奪われようとします。

そのとき、海賊然とした男が忽然《こつぜん》と現れ、横合いから幼い王子を攫《さら》います。倭国の若き大鷹《おおたか》、蘇我入鹿《そがのいるか》です。入鹿はこのとき外遊していて、百済の内紛に遭遇し、好奇心から囚《とら》われ人の船の跡をこっそりつけていたのです。

豊璋は倭国へ運ばれ、蘇我氏が葛城山麓にもうけた「巣箱《すばこ》」と呼ばれる孤児院で育つことになります。

余豊璋は百済の人質としてこの時期の倭国に滞在していたといわれる王子ですが、どのような経緯で来倭したのかも、いかなる性質の人質だったのかも判然としていません。それだけに、入鹿が百済の処刑島から攫ってきたという本作の設定はおもしろいです。

「巣箱」にはよく似た境遇の子供がたくさんおり、豊璋は朴市秦田来津《えちのはたのたくつ》という少年と親友になります。田来津は朴市秦氏の跡取りだったのに、争いによって氏上《うじのかみ》の座を傍系の一党に奪われ、天涯孤独になったのです。少年たちは身を寄せあいながら、自分らを庇護してくれる入鹿を慕います。

ところが、三年後のある日、その入鹿が死んでしまいます。乙巳の変です。これにより、豊璋の人生は一転しました。入鹿に取って代わった中大兄皇子（本作では葛城皇子《かつらぎのみこ》）は底知れぬ冷淡さを蔵した男で、豊璋は悪い予感に震えます。

幼いときにひどいトラウマを負った豊璋は、争いごとを好みません。ただただ平穏に人生をまっとうしたいと願っています。ゆえに、三輪山《みわやま》のふもとの小家で、人目に立たぬようにひっそりと養蜂《ようほう》などしながら暮らします。

けれども、残酷な運命がその生き方を奪います。六六〇年の百済滅亡と、続く白村江の戦いです。百済の生き残りの将たちがやってきて、おのれを新たな主君として担ぎ、捲土《けんど》重来《ちょうらい》のいくさをしたいと求められたのです。

豊璋にしてみれば、倭国に暮らしてすでに二十年近い月日がたっており、身も心もほとんど倭国人と化しています。なぜいまさら自分が百済の王にならねばならぬのかと戸惑います。しかし、中大兄に言葉巧みに説かれ、抜き差しならぬところへ追い込まれていくのです。

中大兄は友国を救うために倭国水軍の中でも最高の手練《てだ》れである阿曇比羅夫《あずみのひらぶ》と阿倍比羅夫《あべのひらぶ》を用い、万全の戦闘態勢を準備すると請けあいます。さらに、豊璋の幼き日の親友である田来津に親衛隊を率いさせると約束します。豊璋も田来津に守ってもらえるならと考え直します。

ところが、このいくさはすべて中大兄の巧妙な策略だったのです。

中大兄には、もはや死に体の百済を救援する気など、はなからありませんでした。唐の常套手段である遠交近攻のことも先刻承知です。祖国の今後のことを思えば、どうあっても新羅と協調するのがよい。ゆえに、新羅の名君である金春秋《きんしゅんじゅう》（武烈王《ぶれつおう》）ととっくの昔に接触し、相互不可侵の秘密同盟を結んでいたのです。

白村江の戦いは、一般に倭国vs.新羅・唐の海戦といわれています。でも、じっさいには新羅とは戦っていません。密約があるからです。相手は唐だけです。

加えて、本作では驚いたことに、その唐とすらほとんど戦わないのです。

中大兄は当初、阿曇比羅夫、阿倍比羅夫らによる最強の援軍を編成すると公言しました。しかし、その後変更に変更を重ね、派兵も何年も引き延ばし、六六三年になってようやく白村江に送ったのは、駿河の廬原君臣《いおはらのきみおみ》という予定外の一軍のみでした。その彼らも唐水軍にまみえるや、攻撃らしい攻撃もせず、退却してしまいます。

なぜなら、そもそも戦う気がなかったからです。中大兄から、「利あらざれば退くも可」と指示されていたからです。

哀れなのは、捨て駒にされた豊璋たちです。

それにしても、中大兄皇子にとって白村江の戦いとはいったいなんだったのでしょう。助ける気もない百済を助けるふりをし、茶番のいくさによって、わざわざ唐に負けにいった。なぜそんな真似をする必要があったのでしょう。

それは、中大兄が自分の思い描く政治改革を進めるためであった——、というのがこの小説の結論です。

豪族たちの私有民を排し、税制を整え、戸籍を作り、律令《りつりょう》に統制された中央集権国家を築く。中大兄にはそんな夢がありました。蘇我宗家を倒してしばらくは、それはうまくいきそうに思えました。けれども、間もなく押しても引いてもびくともしなくなりました。守旧派の抵抗が強すぎたのです。

中大兄は苛立《いらだ》ち、古臭い考えの大夫《まえつきみ》たちを憎みました。このままではだめだ。人が足らぬ。頭が足らぬ。思いきって人間を入れ替えなければ、わが望むまつりごとはいつまでたっても実現しない——。

それが、白村江の戦いの動機です。

一瞬、理解に苦しむ発想かもしれません。でも、その後強行された近江への遷都、飛鳥に取り残された反対派の豪族たち、代わりに大量に用いられた百済の亡命貴族たちを見れば、なるほどと納得がゆきます。

百済人に満ちみちた風景なので、一見、百済びいきのようにも思えますが、そうではありません。中大兄は人が欲しかっただけなのです。百済という国は滅びてよい。むしろ滅びたほうがよい。優秀な人材だけが、まるごと欲しかったのです。先進的な律令の知識になじんだ優秀な官僚たちが。

しかも、彼らは利権に凝り固まった飛鳥の豪族とは違います。故国のために戦ってくれた恩人として中大兄に感謝し、なんにでもよろこんで協力してくれる人たちなのです。

本作の最後に中大兄が言い放つせりふは、なかなかに衝撃的です。

「つまるところ、白村江の戦いとは、人さらい戦争なのだ」

その徹底した酷薄さに舌を巻くとともに、余豊璋の哀しみに胸が詰まります。

伝えによると、豊璋は戦火をかいくぐって高句麗に逃れたそうです。その後の行方は杳《よう》として知れません。

壬申の乱をめぐる作品たち

以上、四冊の小説をあげましたが、この他にも魅力的な作品がたくさんあります。まとめて紹介します。

澤田瞳子《さわだとうこ》さんの『恋《こ》ふらむ鳥《とり》は』は、額田王《ぬかたのおおきみ》を主人公とした小説ですが、歌人としてより、天智天皇の側近に近い立ち位置が与えられ、中臣鎌足《なかとみのかまたり》に比肩《ひけん》しうる存在感を放っているのが見どころです。現代にも通じる意志的な女性として描かれ、最後は壬申の乱の戦場を見届ける勇敢な生き証人にまでなります。

たくさんの登場人物の中でとりわけ異彩を放っているのは漢皇子《あやのみこ》（本作では漢王子）です。澤田さんはこの皇子をいずれかの人物に置換《ちかん》するのではなく、中大兄（本作では葛城《かつらぎ》）と大海人《おおあま》の異父兄弟、すなわち第三の男として登場させ、額田王の少々武骨な協力者という役どころを与えました。

澤田さんの描く額田王は、大海人とも中大兄とも、従来描かれてきたようなもつれた三角関係がありません。その代わりに、漢皇子とのあいだにほのかな恋に近いものがはぐくまれるのが新鮮です。

豊田有恒《とよたありつね》さんの『大友《おおとも》の皇子《みこ》東下《あずまくだ》り』は、壬申の乱を痛快なエンターテインメントとして描いた一冊です。

大友皇子（本作では大友の皇子）は壬申の乱に敗れて自害したと正史は伝えますが、死なずに東国へ逃れたという伝説も、まことしやかに語られています。本作はその伝説を工夫し、五人もの百済人の影武者が彼を守り、大海人皇子（本作では大海人の皇子）の追及をかわしながら逃避行するという破天荒《はてんこう》な道中劇に仕立てました。

大海人皇子は遁甲《とんこう》の使い手だったという説を先ほど述べましたが、忍びの術の大本《たいほん》は、大友皇子の養育氏族である百済系の大友氏（大友村主高総《おおとものすぐりたかとし》）に伝わったともいわれています。ゆえに一種の忍術合戦のような趣《おもむき》も漂います。

などと言うとずいぶん弾けた作品と思われそうですが、歴史的な蘊蓄《うんちく》もたっぷりと語られ、読みごたえがあります。

大海人皇子が美濃《みの》、尾張《おわり》、不破《ふわ》などの「東山道《とうさんどう》」にこだわったのに対抗して、大友皇子には「東海道《とうかいどう》」を下らせ、ヤマトタケルの東征と重ねるアイデアもおもしろいです。

皇子の道ゆきに同行し、奇妙な花を添えるのは、陽気で情け深い上総《かずさ》の遊行婦女《うかれめ》、耳面《みみもの》刀自《とじ》（本作では耳面の刀自）です。その導きによって彼女の生国にたどりついた大友は、待ち受けていた叔父の大海人と対峙《たいじ》しますが、互いにあやめることなく、最後は耳面と二人、さらに陸奥《みちのく》へ落ちていきます。

悲惨な終わり方をしないので、読後感もよいです。

耳面刀自といえば中臣鎌足の娘の中にその名が見え、大友皇子の室の一人だったという説があります。詳細の伝わらない女人ですが、本作ではユニークな使われ方をしました。

そしてもう一冊、天智、天武の兄弟を描いた小説として忘れてはならないのは、黒岩《くろいわ》重吾《じゅうご》さんの『天《あま》の川《がわ》の太陽《たいよう》』です。

本作は徹底して大海人皇子寄りの視点が貫かれています。専横《せんおう》な兄を立て、耐えに耐えた末の逆転劇として壬申の乱を起こす物語です。額田王との熱愛を兄に引き裂かれるエピソードも哀しく、因縁の兄弟としての描かれ方も、おそらく多くの方が抱いているイメージにもっとも近い小説ではなかろうかと思います。

先にも触れたように大海人皇子の前半生については謎が少なくないのですが、黒岩さんはその幼少期のことや、なぜ東国につながりが強かったのかといった空白の部分を、奇をてらわぬ解釈によって埋めました。安定感のある上下二巻です。

この他にもあげたい作品はありますが、このくらいにしておきます。

本章で紹介した本たちは、一つ読むごとに事件への評価が変わり、一つ読むごとに人物の印象が変わり、一つ読むごとに風景の見え方が変わるのではないかと思います。なるほどと膝を打つこともあるでしょう。かえって謎が増すかもしれません。

しかし、それこそが小説という創作の妙味であります。

歴史は一つではないことのおもしろみを、私自身、日々感じています。

第六章　カリスマ持統の狙いは何か
——不比等と女帝たちの世紀

古代の総決算の百年

長らくおつきあいいただいた本書も最終章となりました。

しめくくりに取りあげますのは、天武《てんむ》天皇亡きあとを継いだ持統《じとう》女帝（四十一代）から、文武《もんむ》、元明《げんめい》、元正《げんしょう》、聖武《しょうむ》、孝謙《こうけん》、淳仁《じゅんにん》、称徳《しょうとく》（孝謙の重祚《ちょうそ》）までの八代、七人の天皇です。

舞台となるのは大和三山（畝傍山《うねびやま》、耳成山《みみなしやま》、香久山《かぐやま》）の内側にいとなまれた藤原京と、その十六年後に奈良盆地の北部に造営された平城京です。年代的には飛鳥《あすか》時代の末から奈良時代の末（七世紀末〜八世紀末）までの、古代史の総決算ともいうべき百年です。

この百年はさまざまな切り口によってとらえることができるのですが、個人的に重要と感じるのは以下の四つです。

まず、大化の改新以来の宿願であった律令制が完成し、旧来の豪族連合ではない規律ある中央集権体制が実現したことです。これにより、「倭国《わこく》」は古い衣を脱ぎ捨て、新しい国家「日本《ひのもと》」へと変貌しました。

二つ目は、天武天皇の血統が守られた百年であったことです。壬申《じんしん》の乱で天武天皇が兄の天智《てんじ》から（正確には大友皇子《おおとものみこ》から）奪取した皇位が、子から孫へ、孫から曽孫へと、直系（嫡系）の形で受け継がれていきました。直系が重んじられたのは、壬申の乱の原因となった兄弟間の争いの轍《てつ》を踏むまいとしたためと考えられています。

しかし、結果的にはその方式によっても皇位は平らかに受け渡されず、天武系は称徳女帝で絶えてしまいました。その次の四十九代光仁《こうにん》天皇（白壁王《しらかべおう》、天智天皇の孫）から、皇統は天智系に戻ります。

三つ目は、「女帝の世紀」であったことです。いま名を挙げた八代のうち、持統、元明、元正、孝謙、称徳の五代（四人）が女帝でした。その理由については、中継《なかつ》ぎ説（次代に期する皇子が幼少のとき、成人するまで母后が代わりに位に就く）が唱えられることが多いのですが、その説明では十分ではないと感じます。実際にはかなりの実力を持った女帝がそろっており、むしろ、本命の男性天皇のほうが影が薄いです。文武しかり、聖武しかり、淳仁しかりです。

四つ目は藤原氏の台頭です。中臣鎌足《なかとみのかまたり》の子の不比等《ふひと》に始まる彼らは、いま述べた三つの要素のすべてにかかわりながら、皇親氏族として他氏を引き離し、強大化していきました。

以上のことを念頭に置いて、小説をあげていきたいと思います。

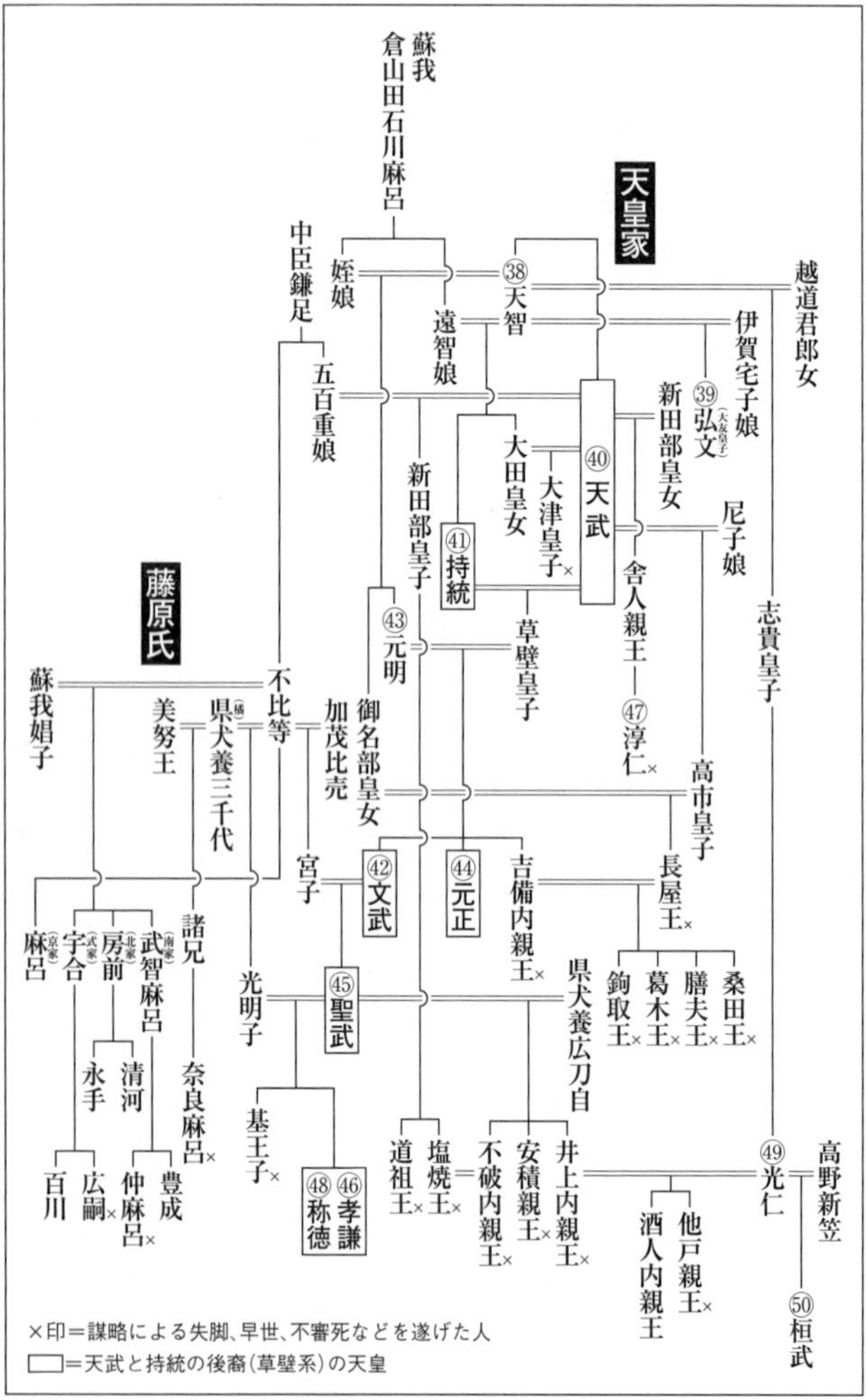

図6-1　7〜8世紀の天皇家略系図

核となる人物は、順に、

・持統女帝
・元明女帝、元正女帝
・聖武天皇、光明皇后
・孝謙＝称徳女帝

です。

当然ながら、小説自体はこの区切りに沿って書かれているわけではありませんし、主人公とも限らないのですが、便宜的に振り分けながら紹介していきます。

「律令」制定をめぐるドラマ

最初のキーパーソンは、持統女帝です。澤田瞳子《さわだとうこ》さんの『日輪の賦《にちりんのふ》』と、坂東眞砂子《ばんどうまさこ》さんの『朱鳥の陵《あかみどりのみささぎ》』を取りあげます。

あえて二冊あげますのは、同じ女帝が正反対のキャラクターとして造形されているからです。澤田さんが描くのは光のほう、坂東さんが描くのは影のほうです。作品の趣向も好対照で、澤田さんは折り目正しい歴史小説、坂東さんはホラー風味の漂う変化球です。それでいてどちらの人物像にも説得力があるので、なおのことおもしろいのです。

澤田瞳子『日輪の賦』
（幻冬舎時代小説文庫）

澤田さんの『日輪の賦』は七世紀末の新《あら》益京《ましのみやこ》（藤原京）が舞台で、夫の天武天皇と嫡男の草壁皇子《くさかべのみこ》（本作では草壁王子）に死なれたのち、孤独な戦いを続ける持統女帝（本作では讃良女王《さららのおおきみ》）が描かれます。その目指すところは亡夫が実現しえなかった中央集権国家の完成なのですが、廟堂には既得権を手放したがらぬ石頭の豪族が居座り、皇親政治を徹底していた天武が亡くなったため、むしろ勢力を盛り返し気味になっています。彼らに打ち勝つため、女帝は巌《いわお》のような精神力で奮闘するのです。

本作の最大のテーマは、本邦初の本格的な律《りつ》（刑法）と令《りょう》（行政法）である「大宝律《たいほうりつ》令《りょう》」はいかにして作られたかということです。律令の編纂風景を具体的に描いた作品はおそらくいままでになく、微《び》に入《い》り細《さい》を穿《うが》って再現されたドラマは、千三百年の時を隔てて新鮮に映ります。

反対派によるいやがらせや遅延工作が繰り返され、なかなか事業が進捗《しんちょく》せぬのに業《ごう》を煮やした女帝は、公式の編纂所とは別にもう一つ特命の撰令所《せんれいじょ》を極秘に立ちあげ、これと見込んだ英才を配して仕事に当たらせます。抵抗勢力をあっと言わせるこの奇策によって、大宝元年（七〇一）、念願の新法が公布されるのです。

当時の多くの人々は――場合によると現在のわれわれも――、律令の完成によって、大和王権にすべての力が集中し、天皇はとてつもない高みに押しあげられたと考えがちなのではないでしょうか。しかし、それは逆だと本作は力説します。律令制の中央集権国家とは、天皇自身もまた体制の一部として統治機関の支配の下に入れるものであるから、その権威はむしろ縮小するのだ、と。

かつて天武天皇は「大君《おおきみ》は神にしませば……」と、突出したカリスマ性を讃えられました。しかし、今後の天皇はそこから脱却することを目指さねばならぬというわけです。

たしかに、官僚機構さえしっかり機能していれば、天皇はいなくても政治は回っていきます。かつての常識では少なくとも三十歳以上にならなければ位に就けなかったのですが、以後は急速に低年齢化していきます。それは律令政治の完成と軌《き》を一《いつ》にしているのです。

新しい時代の到来に感慨を深めながら、女帝が吐露《とろ》する言葉が印象的です。

「父（天智《てんじ》）も夫（天武《てんむ》）も、律令を作れなかったわけではあるまい。ただ、己《おのれ》を含む大王の権威が失墜し、国家の一機構として再編成される事実が恐ろしく、なかなかそれに着手できなかっただけだ。

つまり自分は最後の大王であるとともに、累代の大王たちが守り継いできた権力を完膚《かんぷ》なきまでに打ち砕き、律令の網の中に押し込む破壊者となるわけだ」

自分は最後の大王であり、破壊者であるという自己認識に、膝を打ちました。

この作品を読むと、持統女帝という人物は、強欲でも独善家でも身びいきでもなく、ひたすら私《し》を棄て新しい国家のあり方を求め、その理想に向かって邁進《まいしん》した稀有《けう》な女性であったという印象を持ちます。

なお、説明が後れてしまいましたが、本書の主人公は阿古志連廣手《あこしのむらじひろて》という、葛野王《かどのおう》家に仕える青年です。ひょんななりゆきから持統女帝の目に留まり、律令編纂事業の下っ端として奮闘することになりました。

彼ら若者たちもまた、青雲の志をもって縦横無尽にこの本の中を駆けまわります。国家の未来への希望に満ちた姿がほほえましいです。

「夢解女」が覗いた持統の闇

では、坂東さんの作品に参ります。

こちらも同じく、持統女帝（本作では讃良皇女《さららのみこ》）が孫の軽《かる》（本作では珂瑠、文武天皇）に譲位したのち、新益京（藤原京）で太上天皇《だいじょうてんのう》として隠然たる存在感を放っていた時代が舞台です。

主人公は常陸国《ひたち》の日枝郷《ひえだのさと》からやってきた、白妙《しろたえ》という「夢解女《ゆめときめ》」です。彼女は鹿島神宮《かしまのかみのみや》に仕える阿礼乎止売《あれおとめ》（巫《かんなぎ》）だったのですが、夢の意味するところを読み解き、吉凶を判ずる異能があり、都の高官がその評判を聞きつけ、呼び寄せたのです。

依頼の主は持統太上天皇の妹の御名部皇女《みなべのひめみこ》（本作では「みなべのみこ」）です。白妙は御名部が見た不吉な夢を解くよう命じられます。

夢に出てきたのは六年前にみまかった御名部の夫、高市皇子《たけちのみこ》で、ものわびしい荒野にた

坂東眞砂子『朱鳥の陵』
（集英社文庫）

たずみ、蒼白な顔をして、片手の薬指を一本上向きに立ててこちらを見つめています。背後には耳成山と思《おぼ》しき丘陵が見えます。高市のかおばせには悲壮感が満ち、なにかを訴えているようです。御名部はどうしてもその意味するところを知りたいと言うのです。

高市皇子は天武天皇の長子で、知力、胆力《たんりょく》ともにすぐれ、壬申の乱を勝利に導いた功労者だったのですが、母の身分が低かったため（筑紫《つくし》の豪族の宗像《むなかた》氏）、皇位継承のレースからはずれました。以後はもっぱら政治家として廟堂で活躍していました。ところが、大津皇子《おおつのみこ》が謀反の罪により除かれ、皇太子だった草壁《くさかべ》も早世し、三番手だった高市がにわかに脚光が当たりました。持統女帝の片腕として太政大臣《だじょうだいじん》の椅子を与えられ、もしかすると――、と下馬評が立ちはじめた矢先に、彼もまた急死してしまったのでした。

御名部皇女の頼みを承《うけたまわ》った白妙は、懸命に夢を解きはじめるのですが、それに没頭するうち、時空を超越し、「誰か」の心の中に滑り込むようになります。

その「誰か」はきわめて誇り高く、きわめて自己愛の強い女性です。そして、大王である夫にたくさんの妻がいて、独り占めできないことを苦々しく思っています。一人息子が「蛭子《ひるこ》」のように出来が悪いのも気に入りません。しかし、わが子の出来が悪いからといって、自分以外の女が生んだ子たちに位を渡すのはもっといやなのです。であれば、自分が跡を継ぐほうがよほどましだと考えます。

その「誰か」は、かつて夫とともに吉野へ隠遁《いんとん》していたとき、吉野川の淵の轟々《ごうごう》たるしぶきの中に、一匹の怪鳥《けちょう》を幻視したことがありました。それは早紫《くろむらさき》色の羽と、血のような朱色《あかみ》の嘴《くちばし》を持っており、大安殿《おおあんどの》の大屋根の上に不気味に宿っていました。夫に話すと、それは自分が大安殿の高御坐《たかみくら》に着座することを予言しているに違いないとよろこびました。壬申のいくさののち、たしかにそうなりました。

けれども、その夢はもともとおのれが見たのです。おのれの夢を他人に横取りされるのは間違っています。あの朱い嘴の鳥はおのれに高御坐につくよう天命を下したに違いありません。そのように結論し、邪魔な夫には消えてもらうことにします。

もう言わずとも「誰か」はわかるでしょう。持統太上天皇です。

持統女帝はわが子草壁のライバルである大津皇子を謀殺したことで知られていますが、本作ではそれだけでなく、夫の天武も、子の草壁も、高市皇子も持統が葬るのです。その方法は、皁紫色の羽に朱い嘴を持った鳥――鴆《ちん》――の名を冠した、「鴆毒《ちんどく》」による毒殺でした。

鴆毒は唐渡《からわた》りの秘薬で、少量ずつ用いれば不老長寿の薬となりますが、大量に服用すれば激烈な毒と化します。女帝は高市皇子に命じてこれを作らせ、高市を巧みに操って手を下させました。なぜ高市皇子がそんな恐ろしいたくらみに加担したかといえば、卑母の子ゆえにあきらめていた皇位を女帝にちらつかされたからです。

しかし、高市に譲位するつもりなど、女帝にはもとよりありません。かわゆい孫の軽に譲りたいのです。そのためには、秘密を知る高市に消えてもらわなければなりません。かくして高市は自分が作った毒で自殺するはめになります。

御名部皇女が見た夢が示していたのは、この事実でありました。高市が薬指を立てていたのは、鴆毒という「薬」のことです。また、薬指は「名無しの指」ともいわれ、すなわち「絶対の秘密」の暗示でした。耳成山を背にした土地は藤原京が建設される前の風景です。高市皇子は新京造営の責任者として最初から事業にかかわっていました。しかし、そこに作られることになる高御坐に座ることも叶わず、あの世へ赴いたのです。その無念を妻の御名部に教えていたのです。

かくして夢は解かれました。しかし、今度は持統の心の中に忍び入っていた白妙に危険が迫ります。秘密を覗き見したことを相手に気づかれたのです。

恐怖にかられた白妙は、故郷へ逃げ帰ろうとしますが、怒り狂った持統によってあえなく捕縛《ほばく》されてしまいます。

ふと気がつくと、白妙は天武の陵《みささぎ》の中にいました。そこで初めて老太上天皇の姿を目にします。と——思ったのもつかのま、煙のように鴆毒の入った瑠璃《るり》の壺の中に吸い込まれ、ぴたりと封印されてしまいました。

この場面はぞっ……、と鳥肌が立つほど恐ろしいです。

持統女帝が夫の天武や高市、愛児の草壁にまで手にかけたというのは坂東さんの創作です。でも、もしや、と考えさせられるところはあります。

通説では持統女帝と天武天皇はおしどり夫婦であったといわれますが、本当にそうだったのか。持統女帝は一人息子の草壁を溺愛していたといわれますが、夫の死後三年近くも位に就かせなかったのはなぜなのか。高市を信頼して政権の首座を任せていたといわれますが、実際のところはどうだったのか。

思いきった発想の転換を促してくれます。

最後にもう一つ。

陵墓の壺の中に封じ込められたのは白妙の魂だけで、からだのほうはむごくも皮剝《かわは》ぎの刑に処せられたのです。

「百人一首」の二番の持統女帝の和歌をご存じでしょうか。

私は本書において、いわゆる「ねたバレ」のようなことはいっさい気にせず書き進めてきました。しかし、さすがにこれだけは黙っておこうと思います。

読んでのお楽しみです。

「蘇我系女帝」たちの格闘

続いて、元明《げんめい》、元正《げんしょう》女帝の時代に進みます。取りあげる作品は、永井路子《ながいみちこ》さんの『美《び》貌《ぼう》の女帝《じょてい》』です。

美貌の女帝とは、容姿端麗であったと伝えられる氷高皇女《ひたかのひめみこ》――、元正女帝です。史上初めて皇后ではなく、未婚の皇女として即位しました。母は元明女帝、父は草壁皇子《くさかべのみこ》で、弟に軽皇子《かるのみこ》（文武《もんむ》天皇）、妹に吉備内親王《きびないしんのう》がいます。

まずは、皇位継承の流れを概観します。

持統《じとう》女帝ののち、皇太子の草壁が早世したため、草壁の子の軽が十五歳で位を継ぎました。その彼もわずか十年、二十五歳の若さで夭逝《ようせつ》します。跡目には、その夫人で藤原不比《ふひ》等《と》（本作では「ふびと」）の娘の宮子《みやこ》が生んだ首《おびと》（のちの聖武《しょうむ》天皇）が目されました。しかし、まだ七歳と幼少に過ぎたので、文武の母で首には祖母に当たる阿閇皇女《あへのひめみこ》（本作では阿閇皇女）が位に就きました（四十三代元明天皇）。

永井路子『美貌の女帝』（文春文庫）

ところが、元明女帝はその後、首が軽と同じ十五になっても位を渡そうとせず、大方の意表を突くようにして、娘の氷高に譲位しました（四十四代元正天皇）。首が天皇になるのは、それからさらに九年後です。

このころの皇位継承はややこしく、直系継承を基本とすると謳《うた》いながら、上がったり、下がったり、横に行ったり、かなり奇妙な軌道を描きます。子から母へ位が逆戻りするなどは、日本史上他に例がありません。たしかに私は先ほど、この百年は天武天皇の血脈が守られた百年であると述べました。たしかにそのとおりなのですが、少し角度を変えると違う風景が見えてきます。

それこそがこの小説のテーマで、永井さんはこの時代の複雑な皇位の動きを「蘇我系の女帝たちの格闘」という視点からとらえたのです。

いわく。

この国では、欽明《きんめい》天皇の昔から百五十年、つねに蘇我の女が天皇の后妃《こうひ》、あるいは天皇の母となりつづけてきた。言い方を変えれば、蘇我の血の混じらない者も、蘇我の女人を后妃とすることによって、帝位を践《ふ》むことができたといえる。蘇我の血は皇室をびっしりと取り囲み、その枠は一度も踏み越えられることはなかった――。

欽明《きんめい》、敏達《びだつ》、用明《ようめい》、崇峻《すしゅん》、推古《すいこ》、舒明《じょめい》、皇極《こうぎょく》（斉明《さいめい》）、孝徳《こうとく》、天智、天武。たしかに、みな母もしくは后妃が蘇我系です。持統女帝の母は蘇我倉山田石川麻呂《そがのくらやまだのいしかわまろ》の娘の遠智娘《おちのいらつめ》、元明女帝の母は同じく石川麻呂の姪娘《めいのいらつめ》です。元正女帝も元明女帝の娘なので、やはり蘇我系です。これは皇統を母系から見たとき浮かびあがってくる事実であり、永井さんはこの誇らしき伝統が彼女らの意識を支えたと考えたのです。

蘇我氏といえば乙巳《いっし》の変で滅びたイメージがありますが、実際には分家の倉麻呂《くらまろ》の系統が残っていて、のちに倉山田石川麻呂が中大兄皇子に誅《ちゅう》され、壬申の乱で赤兄《あかえ》や果安《はたやす》が滅びるまで続きました。その血を伝える最後の娘たちが、元明、元正らであるわけです。

この説に出会ったとき、私は目からうろこが落ちました。というのも、天武天皇にはじつにたくさんの妻がおり、処遇に困るほど多くの皇子がいたのに、草壁皇子が死んだとき全員無視され、孫の軽が選ばれてしまいました。その無理筋はいったいなにを守ろうとするゆえなのか、いまひとつ理解できなかったのです。

ひょっとすると、持統天皇は夫の天武よりも父である天智の血を守りたかったのだろうか。それとも単純に自分自身の血を伝えたかったのだろうか。だとすれば、身勝手な母親のエゴイズムということになるが――、などと頭をひねっていたところへ、まったく別の可能性をこの本が示してくれたわけです。

とまれ、そのようにして蘇我の女たちが守りつづけてきただいじなものが、いま消え去ろうとしています。風前《ふうぜん》の灯《ともしび》の向こうに、取って代わろうとしている者たちの気配がありありと見えます。それこそが、藤原不比等ひきいる藤原氏であるわけです。

不比等の父、鎌足は天智天皇の無二の腹心であったため、不比等は壬申の乱ののち、し

桃山時代に描かれた藤原鎌足（中央）と不比等（左下、奈良国立博物館蔵）
ColBase（https://colbase.nich.go.jp）

ばらく目立たぬ位置に息をひそめていました。が、天武天皇も亡くなり、ほとぼりもさめたとみて、またぞろ活動を再開したのです。

不比等と持統女帝たちの関係についてはさまざまな解釈があり、「同志」とみる意見と、「敵対」とみる意見に分かれます。本作では徹底して後者です。蘇我の血脈を無上の誇りとする女帝たちにとっては、藤原氏など成りあがりにすぎぬというわけです。同志とみる解釈については、話がそれてしまうのであとで述べます。

抜け目のない不比等は、この国の心臓部である皇統にひたひたと忍び寄っていきます。その手引きをしたのは、軽（文武）の乳母をつとめる県犬養《あがたいぬかいの》（橘《たちばなの》）三千代《みちよ》でした。不比等は三千代と愛人関係になり、まず娘の宮子を軽の後宮に入れます。そして、まもなく誕生した首（聖武）に、自分と三千代のあいだに生まれた光明子《こうみょうし》をめあわせんとたくらみます。幼い二人を血を分けた兄妹のように育て、そのままなし崩し的に夫婦にしてしまう作戦でした。

このような経緯があるため、元明、元正両女帝にとって首は微妙な存在でした。首は蘇我の血を一滴も引かぬ宮子の腹から生まれ、蘇我の血を一滴も引かぬ光明子をきさきとしました。元明女帝が首ではなく、肩透かしのように娘の氷高に譲位したのは、蘇我の女を母にも后妃にも持たぬ皇子には、簡単に位はやらぬという反骨精神だったのです。

しかし、そんな抵抗もいつまでも続けられるわけではありません。首が二十五歳になったとき、元正女帝は譲位を決意します。そして、敗北感に打ちひしがれるのです。

もう一つ付言すると、母方に蘇我の血を引く天皇は、じつのところあと幾代か続く可能性がありました。長屋王《ながやおう》の子たちです。

長屋王は高市皇子《たけちのみこ》の嫡男で、高市亡きあと廟堂における皇族政治家として元明、元正両女帝を強く支えました。元明女帝の実姉の御名部皇女《みなべのひめみこ》が高市皇子の正妃となり、元正女帝の実妹の吉備内親王が長屋王の正妃となりました。ゆえに、元正女帝はその子たちを首の次に位につけたいと考えたわけです。

ところが、長屋王は左道《さどう》（邪悪なたくらみ）をもって天皇家を傾けんとしたとの嫌疑を受け、妻の吉備と四人の子もろとも死に追いやられてしまいます。かくして蘇我の女たちの系譜は完全に絶えたのです。

元正女帝はその後藤原氏が全盛となっていくなか、最後の蘇我系女帝として六十九歳まで孤独な人生をまっとうしました。持統天皇などと比べるとやや地味な印象ですが、本作ではなかなかどうして意志堅固な女性として描かれています。永井さんの独特の史観が興味深い一冊です。

持統と不比等の隠微な共闘

では、先ほど後まわしにした持統たちと不比等の「同志」説について、少し触れます。そちらのシナリオも、歴史のとらえ方によってはもちろん、大いにありえます。

持統女帝は愛児の草壁を失ったのち、天武のたくさんの皇子たちをさしおいて孫の軽（文武）に位を渡そうとしました。このもくろみに、伝えられている以上の難関が立ちはだかっていたとしたら、たしかに不比等とタッグを組まなければ実現しなかったかもしれません。

その場合、軽の乳母として不比等とのあいだをつないでいた橘三千代とも、持統は密接な協力関係を持っていたことになります。

不比等はその数年後に完成する「大宝律令」の制定（七〇一年）にも深く関与しているのですが、この中で「継嗣令《けいしりょう》」が定められたことは注目に値します。「位は嫡子に譲り、嫡子がないときは嫡孫に譲る」とするもので、つまり、軽の襲位をごり押しで決めたからこそ、正当化のためにこの条文が必要になったのです。

継嗣令は「大宝律令」以前の法令である「飛鳥浄御原令《あすかきよみはらりょう》」のときすでにできていたという見解もあるのですが、個人的には「大宝律令」が初と考えたいです。不比等のお手柄です。

不比等は律令だけでなく、『古事記』『日本書紀』の編纂も裏で取り仕切っていたという説があります。であるとすれば、前章でも述べましたが、この国の創世神話も不比等の思惑によって作られた可能性が高まります。その場合は、アマテラス女神はやはり持統女帝のなぞらえ、地上に降る天孫ニニギは軽のなぞらえということになりそうです。

小説の世界では、現状、同志説のほうが優勢です。しかし、敵対説にも十分おもしろみがあります。

聖武、光明が鍍金した仏都

それでは、聖武天皇と光明皇后にいきましょう。

作品は永井さん作に続けて、杉本苑子《すぎもとそのこ》さんの『穢土荘厳《えどしょうごん》』をあげたいと思います。

本作の舞台は、長屋王の変の前後から東大寺の毘盧遮那仏《びるしゃなぶつ》の開眼供養に至る四半世紀です。稀代の策士不比等によって端緒《たんしょ》が開かれた藤原氏の拡大路線が勢いに乗り、その第二世代である四人の息子たち（武智麻呂《むちまろ》／南家、房前《ふささき》／北家、宇合《うまかい》／式家、麻呂《まろ》／京家）が、政界を牛耳るためのさまざまな策を繰り出していきます。しかし、そのなりふり構わぬ攻め手が社会不安を引き起こし、結果として「仏教」に救いを求めようとする機運が異常な盛りあがりをみせた一時期であります。

永井さん作に続けて――と言いましたのは、「蘇我系女帝説」の考え方がみごとに一致しているからです。永井さんと杉本さんは仲良しの大御所でいらっしゃるので、もしかしたら共同戦線を張って同じ説を展開されたのかな？　などと想像すると、ちょっとおもしろいものがあります。

主人公は手代夏雄《たしろのなつお》という長屋王家の若き資人《しじん》（貴族に仕える下級官人）なのですが、いわゆる主人公らしい単一視点ではなく、多数の登場人物に同時進行的に焦点を当ててゆく群像劇の形をとっているところに特徴があります。

全体を俯瞰《ふかん》すると、ざっくりと二つの流れがあり、一つは夏雄を中心とする物語です。長屋王家が謀反の嫌疑により襲撃されたとき、夏雄は重傷を負いながらからくも逃れ、ひょんななりゆきから行基《ぎょうき》の仏教集団にかくまわれました。夏雄はそのまま出家し、彼らの社会奉仕活動に身を投じます。

もう一つは、聖武天皇や光明皇后（光明子）、元正女帝、光明子の母の橘三千代など、皇室を中心とする流れです。

杉本苑子『穢土荘厳』（文春文庫）

多くの登場人物の中でも聖武天皇と光明皇后はとりわけ綿密に造形されており、本作に描かれた姿がもっとも実像に近いのではと感じます。

不比等と三千代の遠謀《えんぼう》により、彼ら二人は幼少期からぴたりと添うように育てられました。ゆえに、結びつきはふつうの夫婦より強かったと思います。しかし、いつまでもむつまじくいられたかといえば、難しかったのではないでしょうか。天皇は長じれば多くのきさきを持たねばなりませんし、それにともなう謀略とつねに隣りあわせで生きねばならなくなります。

聖武天皇の後宮にも複数の女人が入りましたが、なかでも蘇我系女帝陣から送り込まれた県犬養広刀自《あがたいぬかいのひろとじ》という美貌の娘が、光明子のライバルとなりました。

妻妾が出そろえば、誰が最初に男子を生み、どの子が皇太子になるか、熾烈《しれつ》な競争が始まります。そのころから彼ら夫婦のあいだにも溝が意識されるようになったのではないかと想像します。

光明子は十八のときに早くも第一子の阿倍内親王《あべないしんのう》に恵まれましたが、そのあとが続きませんでした。九年後にようやく念願の男子（基王子《もといおうじ》）が誕生し、襁褓《むつき》もとれぬうちに皇太子に立てられますが、満一歳になるやならずやで夭逝《ようせつ》してしまいました。藤原陣営の落胆は言うまでもありません。それに輪をかけるように、広刀自が安積親王《あさかしんのう》を生みます。ますます穏やかならぬ展開です。

藤原陣営としては、なにがなんでも光明子の子を皇位につけたいとあせります。そこで、なりふり構わぬ攻勢をかけていきます。

当時の律令は天皇の妻について厳格に定めており、皇族は「后《こう》」もしくは「妃《ひ》」、上級の臣下は「夫人《ぶにん》」、下級の臣下は「嬪《ひん》」とする決まりでした。光明子も広刀自も同程度の家臣の娘ですから、ともに「夫人」です。しかし、広刀自のふところには安積親王が育っているので、いまのところ光明子より分《ぶ》があります。このままいけば負けてしまうかもしれません。そこで、藤原一族は光明子を強引に「皇后」に格上げしようとするのです。

それまでに臣下の娘が二段階も飛び越して皇后になった例はありません。そんなことを許せば、その娘は将来的に女帝になることも可能です。当然、激しい反対意見が予想され、長屋王がその急先鋒《きゅうせんぽう》になるだろうとみなが期待しました。

ところが、この無理やりな案件はそのまま通ってしまいました。なぜなら、長屋王が謀略によって始末されたからです。

目の上のこぶの長屋王が消え、藤原四兄弟のこの世の春が始まりました。同時に、聖武天皇の憂鬱《ゆううつ》も始まりました。この天皇の繊細な精神は血なまぐさい闘争に耐えられなかったのです。

聖武の弱った心に追い打ちをかけるように、天災、凶作が国土を襲い、さらに疫病の嵐が吹き荒れました。天然痘《てんねんとう》です。恐ろしいやまいはあっという間に都じゅうに広がり、わずか四カ月のあいだに武智麻呂、房前、宇合、麻呂の藤原四兄弟を黄泉《よみ》の国へ連れ去りました。

聖武天皇はこの凶事を長屋王の祟りと信じ、震えあがります。その恐怖心を抑え込むためには、仏の加護にすがるしかありませんでした。

この上に、さらに大宰府《だざいふ》に赴任していた藤原広嗣《ひろつぐ》が反乱を起こしたとき、聖武の心の糸がぷつりと切れました。事態はすぐに鎮圧されたのに、賊徒《ぞくと》が大挙して攻めのぼってくるかのような妄想にとらわれ、伊勢神宮へ向けて旅立ちます。それが始まりで、聖武は以後、各地を転々とする浮き草暮らしに入ってしまうのです。

初めは山背《やましろ》の恭仁京《くにきょう》に遷都し、間もなく近江の紫香楽京《しがらききょう》に遷ります。続いて、草深い紫香楽の山中に巨大な毘盧遮那仏を建立することを思い立ちます。その場当たり的な行動に、批難の渦が起こります。しかし懲りずに、さらに難波に遷ります。

度重なる妨害の放火によって紫香楽の工事が続行不能になり、やむなく平城京に戻ったときには、五年もの歳月が流れていました。

聖武天皇のこの異様な流浪の一時期を、「彷徨五年《ほうこうごねん》」といいます。

繰り返しになりますが、聖武天皇は藤原氏が誕生させた天皇です。それゆえに、もともと非皇族というコンプレックスがありました。開き直って藤原一族になりきってしまえば楽だったのかもしれませんが、それもできませんでした。さりとて、元正女帝たちのように、蘇我の末裔という誇りもありません。自分は何者なのか、どこに依って立つべきなのか、自分には真実この国を統《す》べる資格があるのかと、所在のなさにさいなまれつづけたのです。

聖武天皇は紫香楽でなしえなかった大仏造立を、奈良で再開します。押し寄せてくる不安に打ち勝つため、仏はあたうかぎり巨大でなければなりませんでした。全国の人民を巻き込んだとてつもない大事業が始まります。

一方、妻の光明皇后のほうは、夫と違って揺るがぬ精神の持ち主として、杉本さんは描きました。

多くの場合、この皇后はたおやかな佳人として語られるのですが、本書ではむっつりとして、口数少なく、愛想もあまりよくありません。まぶたも鼻も唇もぼってりと分厚く、肌は浅黒く、こうと決めたら梃子《てこ》でも動かぬ頑固さが顔に現れています。想像ですが、東大寺の大仏の尊顔に似せたのではないでしょうか。

施薬院《せやくいん》や悲田院《ひでんいん》を建設し、熱心に慈善活動をし、頼りにならぬ夫に代わって政治的決定の主役となりました。不比等の四子が天然痘で逝《い》ったのち、廟堂は異父兄弟である橘諸《たちばなのもろ》兄《え》らが主役となりますが、その様子を横目に見ながら藤原仲麻呂《なかまろ》ら次の世代を擁護し、藤原一族が再び主役になるまでのつなぎ役を務めきりました。

藤原の女としての誇りを持ち、終生頑張りとおせたという意味では、アイデンティティの定まらなかった夫よりも幸せであったのかなという気がします。

物語は東大寺の毘盧遮那仏が完成し、その開眼供養がいとなまれるところで閉じられます。

当日は仏殿の前庭に百官が満ちみち、異国の使節が続々と来《きた》り、譲位した聖武太上天皇、光明皇太后、娘の孝謙女帝の臨席のもと、華やかな慶賀《けいが》のもよおしが行われます。

その様子を、行浄《ぎょうじょう》と名乗る僧となった手代夏雄たちがはるかな丘の上から見下ろします。彼ら行基の集団は、東大寺造営の裏方として汗水たらして働きました。しかし、彼ら使役《えだち》の者たちがそのうるわしい法会《ほうえ》に招かれることはもちろんありません。

ここで夏雄たちが交わすやり取りが印象的です。

目の先の殿舎の中にあるのは、大陸にも例をみない、度肝《どぎも》を抜かれるような仏像です。しかし、果たしてそれは民を救うのだろうか、と。

答えは否です。これが造られるために、どれだけ莫大な人々が駆り集められ、どれだけ過酷な労働を強いられ、どれだけの命が犠牲になったでしょう。そもそも仏が民を救うために、こんな豪華なものは必要ないのです。

そこにこそ、本書のタイトルである「穢土荘厳」の意味があります。それは、輝かしい仏教の精華《せいか》をことほぐことではなく、なにも解決されていない汚穢《おわい》まみれの現実の上に、きらびやかな金銅《こんどう》の鍍金《めっき》をかけ、覆い隠すことです。

壮大すぎてあっけにとられるような皮肉なのです。

称徳女帝のスキャンダルはあったか

では、この章最後の女帝である四十六代孝謙《こうけん》天皇（重祚《ちょうそ》ののちは四十八代称徳《しょうとく》天皇）にいきましょう。聖武天皇と光明皇后の一人娘です。

否、「この章最後の女帝」というより、この人をもってその後千年、女帝は姿を消してしまうので、単に「最後の女帝」と言ったほうがよいかもしれません。

女帝の時代が終焉した理由――。それは、弓削道鏡《ゆげのどうきょう》事件があまりにも深刻だったからです。

どのような事件かといいますと、看病禅師《かんびょうぜんじ》として宮中に出仕していた道鏡を孝謙女帝が寵愛し、太政大臣禅師《だじょうだいじんぜんじ》、法王《ほうおう》と、特別ポストを設けて異例の昇進をさせた挙げ句、あわや皇位まで譲らんかの事態が出来《しゅったい》したのです。女帝の女心が利用され、「道鏡を次期の位に就ければ、国土はますます繁栄する」という宇佐八幡宮《うさはちまんぐう》の偽の神託が持ち込まれたためでした。

看病禅師とは、貴人に仕える医師を兼ねた僧で、病気治癒の祈禱《きとう》を行うほか、投薬や按摩《あんま》などの施術をしたり、精神面の慰撫《いぶ》（いまでいうところの心理療法）を行ったりもしました。

その一人であった道鏡は河内《かわち》の弓削村の出身で、義淵《ぎえん》、良弁《ろうべん》などに師事し、陰陽道《おんみょうどう》にも通じ、山岳修験の聖地である葛城山《かつらぎさん》にこもって荒行まで修した実力の持ち主であったそうです。以前は胡散臭《うさんくさ》いインチキ坊主と見る向きが強かったのですが、最近では仏教原典の梵語《ぼんご》にも通じた知性派だったとして、評価がかなり変わってきました。

孝謙女帝は四十代の半ばごろ、重篤な心身不調に陥るのですが、道鏡の治療によって快癒しました。それ以降、すっかり入れこんでしまったのです。

いくら才能があるとはいえ、道鏡は皇室とは縁もゆかりもない平民です。女帝の行きすぎた寵愛ぶりに囂々《ごうごう》の批難があがりました。

道鏡が天皇になるという最悪の事態は、女帝の腹心の和気広虫《わけのひろむし》の弟、和気清麻呂《きよまろ》によって阻止されましたが、政界は混乱を極めました。

その後まもなく女帝はやまいを得て世を去り、道鏡も東国へ遠流《おんる》され、一件は落着しました。けれども、この一連の騒動によって、「女帝」というものが潜在的にはらんでいる危険性があらわになり、その存在意義も見直されることになったのです。

同じ女帝であっても、夫亡きあとの皇后が、わが子が適齢になるまでの中継ぎとして即位する場合はこんな問題は起こりません。しかし、未婚の皇女の場合は違います。襲位後も独身を通すことが基本なので、誰かを子に擬制《ぎせい》して後継指名をすることになります。ここに落とし穴が生じます。

多くの場合は、周囲の意見をしっかり聞いたうえで、妥当な人選がなされるのでしょう。しかし、一つ間違って女帝が暴走すれば、とんでもない事態が起こりえます。そのことをこの事件は世に知らしめたのです。

そもそも、律令には女帝の継嗣に関する明確な取り決めがありません。その一方で、かつて天智《てんじ》天皇が大友皇子を次期とする際に定めたという「不改常典《ふかいのじょうてん》」なるものがあります。原典が残っていないので多少解釈が分かれるのですが、古代史学者の仁藤敦史《にとうあつし》氏は、

「皇位継承は先帝の意志を尊重して決定する（譲位、立太子、遺詔《ゆいしょう》など）」ことであろうと唱えておられます。

　この不改常典に、孝謙女帝が父の聖武天皇から賜ったという「王《おう》を奴《やっこ》となすとも、奴を王と云ふとも、汝《いまし》の為《せ》むまにまに」という言葉が響きあいます。そのまま解せば後継者を好きに選んでよいとの意にとれますので、女帝はこの遺詔の威力を一二〇％有効活用して、道鏡法師を取り立てたのです。

　大胆でもあり、なかなかの確信犯でもあると感じます。

　前置きが長くなりました。では、具体的な作品を紹介します。玉岡《たまおか》かおるさんの『天《てん》平《びょう》の女帝《じょてい》　孝謙称徳《こうけんしょうとく》』です。

玉岡かおる『天平の女帝　孝謙称徳』（新潮文庫）

　称徳女帝と道鏡を描いた作品はいくつもありますが、その中でも本書はかなり新しい解釈を展開した一冊です。とりわけ際立っている論点は、称徳女帝と道鏡のあいだに恋愛関係はなかったとしている点です。

たしかに、女帝はやまいを治してくれた道鏡に深い信頼を寄せました。けれども、それは特別な感情ではなかったとするのです。

道鏡のほうも、敬愛する女帝のために誠心誠意尽くしただけです。結果的にはたいへんな高位を授かりましたが、下賜《かし》された贈り物を受け取っただけであり、女帝をたぶらかしてのしあがろうと考えていたわけではありません。

一般に、この二人はなまなましい性的関係をもって語られます。道鏡巨根伝説などは最たるものです。しかし、本作はそのような要素はきれいさっぱり捨てました。そもそも妙な色のついた伝説はほとんど後世の潤色だからです。

話が前後しますが、玉岡さんは、女帝が恋をしていた相手は道鏡ではなく藤原仲麻呂《なかまろ》（恵美押勝《えみのおしかつ》）だったと描きます。天然痘によって不比等の四子が死に絶え、政界の主力が橘氏のほうへ移っていくなか、女帝の母である光明皇后は将来をにらんで一族の若手を後援しました。そのうちでもとくに目をかけたのが、とびきりの秀才で美男でもある南家の仲麻呂でした。当時阿倍《あべ》皇太子と呼ばれていた女帝も、この才ある年上の男にすっかり心奪われてしまいます。手練手管《てれんてくだ》に長《た》けた仲麻呂は甘い言葉を用いて初心《うぶ》な皇太子を惹きつけつづけました。

その後、仲麻呂は着々とのしあがっていきます。聖武天皇が退いたのちは、光明皇太后の家政機関をパワーアップした「紫微中台《しびちゅうだい》」なる組織を作って権力を一手に握り、対抗勢力である橘《たちばな》氏一党も一掃しました（橘奈良麻呂《ならまろ》の乱）。かくして仲麻呂の天下が訪れます。

仲麻呂に対する孝謙女帝の恋心はますます募りますが、抜け目のない仲麻呂は独身の女帝にはこれ以上利用価値がないと見切りをつけ、自分の意のままになる大炊王《おおいおう》（淳仁《じゅんにん》天皇）に乗り換えます。孝謙女帝には、天皇という立場でなくなれば自由に愛しあえると誤解させ、譲位を促しました。そして、いざ計画が成就すると、冷たく遠ざかったのです。

仲麻呂に裏切られた女帝のショックは甚大でした。そのうえに、最愛の母の光明も世を去ります。位も失い、恋も失い、家族も失い、生きる気力をなくしてしまいました。

孝謙女帝が道鏡の療治を受けたのはそのころでした。道鏡の神通力によって女帝は諸々の桎梏《しっこく》から解き放たれ、活力を取り戻しました。そのよろこびは大きく、ために道鏡を高く取り立てたのです。

一方、仲麻呂との関係は決裂します。生意気にも淳仁を使って、道鏡との不適切な仲を諫《いさ》めるような意見をしてきたからです。名誉を傷つけられた女帝は即刻攻撃態勢に入ります。かわいさ余って憎さが百倍とはこのことです。

仲麻呂は一時の勢いが嘘のように転落の一途をたどり、一族もろとも敗死を遂げました。淳仁天皇も皇位を剝奪されて淡路に流され、女帝は重祚して称徳女帝となります。母のふところに庇《かば》われていたころは線の細いお姫様天皇でしたが、裏切りと失恋と戦乱を経て復活してのちは、怖いものなしの逞《たくま》しい女帝に変身します。

また、本作が非常におもしろいのは、女帝の後継者をめぐる物語です。

総じて、称徳女帝は道鏡を次期天皇にしようとしていたといわれますが、玉岡さんはそうは描きません。女帝には、じつの息子同然に鍾愛《しょうあい》していたカケルという隼人《はやと》の側近がおり、この若者にこそ位を渡したかったとするのです。しかし、哀しいかな血統の壁を超えることはできません。あきらめかけていたところに、思いもよらぬ椿事《ちんじ》が起こりました。

それが宇佐八幡宮の神託事件でした。

女帝にとってそのお告げは千載一遇の好機でした。託宣に従って、まず道鏡を位に就け、血のつながりがなくとも天皇になれるという前例を作ったのち、カケルを道鏡の養子として立太子し、しかるべき皇女を迎えて本命の天皇としたらよい――と、夢のようなことを考えたのです。

しかし、託宣に疑惑の目が集まったため、女帝は和気広虫に命じて真偽を確かめさせることにします。

広虫は無二の腹心ですから、わが意を察して本物の保証をするはずでした。ところが、広虫も、その使者となって宇佐へ下った弟の清麻呂も、女帝の望みには副《そ》わなかったのです。

「わが国では天地開闢《てんちかいびゃく》以来、君臣の定めが踏み越えられたことはない。天《あま》つ日嗣《ひつぎ》には必ず皇緒《こうちょ》を立てよ」

女帝が愛したカケルは、その後不幸な事故によって死んでしまい、どのみち夢は叶わなかったのですが、歴史上の謎とされる神託事件がまったく新しいストーリーとして再構築されていることに感じ入りました。

さらにもう一つ、この小説には大きな読みどころがあります。通説では、称徳女帝はその後皇太子を定めず、後嗣の指名もせず病死したといわれています。ところが、じつはちゃんと遺詔が残されていたと描くのです。

そのことは最後の最後に明かされるのですが、女帝が事後を託したのは、それまでライバル的存在であった井上内親王《いのえないしんのう》（県犬養広刀自の娘）の一女、酒人内親王《さかひとないしんのう》でした。女帝は愛憎を超えて、再び「女帝」を指定したのです。さらに、女帝というものの今後のあり方を問い直す法令の試案までしたためていました。

しかし、その望みが叶うことはありませんでした。廟堂の新体制を作った藤原氏の男たちに、二度と女帝を立てる気がなかったからです。遺詔は闇に葬られ、しかも遺体には不審な「斑点」が浮かびあがっていた——という、ややサスペンス風の幕切れとなります。

女性天皇の問題は古くて新しいテーマであり、千五百年の時を経たいま、また注目が集まっています。

本作は女性の根本的な生き方を問うた小説でもあります。必ずしも歴史に詳しくない若い方でも、共感をもってお読みになれると思います。

不比等、玄昉、弓削道鏡

さまざまな創作を通して、古代の締めくくりの百年を見てきました。できるだけ新しい視点から歴史の流れを追いたいと努めたのですが、いま見返したら、すべて女性作家の作品でした。「女帝」を意識しすぎたせいかもしれません。

偶然とはいえ、いささか偏ってしまった反省がありますので、男性作家の作品も少し紹

平城宮跡に復元された第一次大極殿

介いたします。
まず、黒須紀一郎《くろすきいちろう》さんの『覇王不比等《はおうふひと》』のシリーズがあります。タイトルのとおり、不世出の政治家、藤原不比等の幼少期から死去までを描いた一代記で、「第一部　鎌足の謎」「第二部　あすかの嵐」「第三部　日本誕生」の三部からなる大著です。天智天皇＝百済《くだら》の翹岐《ぎょうき》、天武天皇＝新羅《しらぎ》の金多遂《きんたすい》、中臣鎌足＝唐の工作員の余岐味《よきみ》……、といった具合にかなりぶっ飛んだ設定ですが、大陸諸国との関係によってこの国が作られたという史観がおもしろく、不比等と持統女帝がタッグを組む段階になって初めてこの国の中の「外国」の要素が捨て去られ、新しく「日本」という国が誕生したというコンセプトには、なるほどと目を開かされます。その日本創造の過程で『古事記』『日本書紀』が作られていくドラマも興味深いです。

安部龍太郎《あべりゅうたろう》さんの『平城京《へいじょうきょう》』は、その名のごとく、元明女帝の時代に行われた平城京の造営がテーマです。主人公は元遣唐使船の船長の阿倍船人《あべのふなびと》で、新都の造営司となった兄宿奈麻呂《すくなまろ》に協力すべく奮闘するのですが、持統女帝の苦労の結晶である藤原京をわずか十六年で廃棄するとあって、反対派からすさまじい妨害工作を受けます。

竣工までの期限を厳しく切られるなか、いかに工夫を凝らし、いかに効率的に建設を進めるか。また、立ち退かせなければならない人々をいかに慰撫《いぶ》するか。プロジェクト風のドラマにわくわくします。遷都反対派の黒幕は果たして誰なのかという意味では、ちょっとしたミステリーでもあります。

いわゆる歴史小説風でない、不思議な読み味の小説としては、松本清張《まつもとせいちょう》さんの『眩人《げんじん》』があります。本章ではほとんど触れませんでしたが、聖武天皇の母の藤原宮子夫人（不比等の娘）は、産後鬱《さんごうつ》になって自室に閉じこもり、ために聖武天皇は三十年以上、親子の対面が叶いませんでした。その重い心のやまいを治したのが、この小説の主人公であり、遣唐使帰りの僧である玄昉《げんぼう》でありました。

玄昉は異国の地でペルシャの秘薬（麻薬《まやく》、媚薬《びやく》の類）と幻術に出会い、それを武器としてのしあがることを夢見て帰国します。狙いどおり宮子夫人を快癒させ、一時もてはやされるのですが、その得体の知れなさから讒言《ざんげん》されて失脚してしまいます。

エキゾチックな物語と目のつけ所の妙はもとより、本文の五分の一をも占めそうな注の読みごたえも十分で、作家であると同時に古代史学者に近かった清張さん——ことに西域と日本との関係や、ゾロアスター教の影響などについて特徴的な研究があります——ならではの文章を存分に味わえます。

それから、今東光《こんとうこう》さんの『弓削道鏡《ゆげのどうきょう》』もおすすめしたい一冊です。先ほどの玉岡さんの作品では称徳女帝と道鏡の恋愛関係は描かれませんでしたが、こちらは熱愛の関係、しかも濃厚な肉体関係もあったという設定です。しかし、決してえげつなくはなく、打算もなく、むしろ切なさを感じる物語となっています。

河内の田舎から青雲《せいうん》の志《こころざし》を抱いて都へ出てきた青年が、如意輪観音《にょいりんかんのん》の化身と見まごう女性皇太子をたまたま垣間見《かいまみ》、以来、その玉顔《ぎょくがん》を夢に見、うつつに見、憧れつづけます。そして、修行の甲斐あって傍に仕え、やまいを癒したてまつることができるようになるのです。しかも、道鏡にとっては観音そのものの主君が初めての女性なのです。

二人の純愛はやがて破れますが、道鏡を置いて先立った女帝の死は、高齢による難産が原因でありました。悲哀の漂う結末です。

このほかにも、魅力的な作品はまだまだありますが、このくらいにしておきます。

「天武系百年」の終焉

残された紙数もわずかとなりました。

この本の締めくくりに一つだけ、私から「謎」の置きみやげをいたします。

それは、なぜこの百年の最後に、限りなく「袋小路《ふくろこうじ》」に近い独身未婚の女帝が選ばれたのかという点です。これに関しては、いまだにすっきりした答えは見出せていないように思います。

すでに述べたように、それ以前にも女性天皇はたくさん立てられましたが、すべて次代の男性天皇（おおむねは女帝の若年の嫡子）をにらんだうえでの襲位でした。もっと言えば、ふつう天皇というものは次の次の代くらいまでを見越して——予定どおりにはいかぬとしても——選ばれるものではないでしょうか。ところが、孝謙女帝だけはなにかあせりすぎのように、異例の皇太子の段階から運命を決められてしまいました。この点に、どうしても違和感を覚えるのです。

即位後に婚姻と出産の可能性がないならば、高い確率で問題が起こるであろうことは明らかなのに、本当に他に選択肢はなかったのだろうかと首をかしげます。

これについてはしばしば、なにがなんでも藤原系の天皇を誕生させたかったからだと説明されます。しかし、それであれば、聖武天皇の後宮にもっとたくさん藤原氏の女性を入れたらどうだったでしょう。光明皇后以外にも、不比等の血を引く娘はいくらでもいるのです。

阿倍内親王を皇太子と定めた時点で、聖武天皇はまだ三十八歳でした。新たな男子をあきらめるには、いささか早すぎのように感じます。

ちなみに、律令制定の段階で、女帝が婚姻し子を持つことが議論されていたとみる向きもないではないのですが、実現したことは一度もありませんので、ここではその可能性はなかったとして話を進めます。

そこで思うのです。もしかすると、この袋小路はそれ自体がある種の謀略であり、なにかの力によってそうなるべく仕組まれたのではないか、と。

繰り返しになりますが、この百年は天武天皇の系統が守られた世紀でした。壬申の乱によって天智天皇の血筋が排除されたのち、兄弟間相続は否定され、持統天皇が中心となって片意地のような直系（嫡系）継承が完遂されていきました。天武と持統夫婦の子孫は天武系の中でも「草壁系」と呼ばれたりするのですが、そのありようはやや不自然なので、先に紹介した永井路子さんのような見解（蘇我系女帝の格闘という見方）も生まれました。

しかし、私はその他にももう少し、別の力学が働いていたのではないかと想像するのです。そこに見え隠れしているのは、爪を隠して雌伏《しふく》していた天智天皇の後裔たちの存在です。

すなわち、孝謙女帝という「最後の女帝」は、彼らの静かなる策略によって誕生させられたのではないか。道鏡や宇佐八幡宮の事件も、じつは天武系の皇統を終焉に導こうとする彼らからの罠《わな》だったのではないか。壬申の乱で負けた者たちによる「百年の計」――というわけです。

その百年の計には、たぶん藤原氏も大いに関係していたでしょう。

そもそも藤原氏にしてみれば、おのれらの安泰だけが問題なのであり、皇室の系統がどちらに転ぼうが関係ありません。たしかに不比等は壬申の乱ののち天武系、なかでも草壁系としたたかに組んで躍進しました。さりながら、始祖である大織冠鎌足《たいしょっかんかまたり》のことを思えば、天智の系統と結ぶほうが望ましいのかもしれないのです。

外戚としての地位を独占することは重要ではありますが、それによって自滅してしまっては元も子もありません。皇室と心中する気は、彼らにはもちろんなかったと思います。ゆえに、氏族全体の総意として冷徹に戦略が練られ、あるところから宿主の鞍替えが目されたのではないでしょうか。南家の仲麻呂が失脚したとたん、後ろからひそかに窺いつづけていたかのように、式家の百川《ももかわ》（雄田麻呂《おだまろ》）たちが姿を現します。ある意味では、仲麻呂すら捨て駒に見えます。

そして、称徳女帝の幕が引かれ、白壁王《しらかべおう》（光仁《こうにん》天皇）、山部親王《やまべしんのう》（桓武《かんむ》天皇）と天智系の時代が復活すると、兄弟間相続がちゃっかりと戻ります。律令の「継嗣令《けいしりょう》」もなし崩しです。かつまた、藤原氏の繁栄は平安新王朝の中でいや増しになっていくのです。

そんな馬鹿な、と思われるでしょうか。しかし、創作としてはありうるシナリオではないかという気がします。

そんな妄想を、いま、つらつらとしたりしているところです。

参考文献

山口佳紀、神野志隆光校注・訳『古事記』（新編日本古典文学全集1）、小学館、一九九七年
小島憲之、直木孝次郎、西宮一民他校注・訳『日本書紀①　巻第一　神代（上）～巻第十　応神天皇』（新編日本古典文学全集2）、小学館、一九九四年
小島憲之、直木孝次郎、西宮一民他校注・訳『日本書紀②　巻第十一　仁徳天皇～巻第二十二　推古天皇』（新編日本古典文学全集3）、小学館、一九九六年
小島憲之、直木孝次郎、西宮一民他校注・訳『日本書紀③　巻第二十三　舒明天皇～巻第三十　持統天皇』（新編日本古典文学全集4）、小学館、一九九八年
宇治谷孟『続日本紀　全現代語訳（上・中・下）』講談社学術文庫、一九九二～九五年
三浦佑之訳・注釈『口語訳　古事記　神代篇』文春文庫、二〇〇六年
三浦佑之訳・注釈『口語訳　古事記　人代篇』文春文庫、二〇〇六年
藤堂明保、竹田晃、影山輝國全訳注『倭国伝――中国正史に描かれた日本』講談社学術文庫、二〇一〇年
佐伯有清編訳『三国史記倭人伝　他六篇――朝鮮正史日本伝1』岩波文庫、一九八八年
井上光貞、関晃、土田直鎮、青木和夫校注『律令』（日本思想体系3）、岩波書店、一九七六年
韓国教員大学歴史教育科著、吉田光男監訳『韓国歴史地図』平凡社、二〇〇六年
沖森卓也、佐藤信、矢嶋泉訳『現代語訳　藤氏家伝』ちくま学芸文庫、二〇一九年
石野博信『邪馬台国の候補地・纒向遺跡』（シリーズ「遺跡を学ぶ」051）、新泉社、二〇〇八年

清水眞一『最初の巨大古墳・箸墓古墳』（シリーズ「遺跡を学ぶ」035）、新泉社、二〇〇七年
鶴見泰寿『古代国家形成の舞台・飛鳥宮』（シリーズ「遺跡を学ぶ」102）、新泉社、二〇一五年
七田忠昭『邪馬台国時代のクニの都・吉野ヶ里遺跡』（シリーズ「遺跡を学ぶ」115）、新泉社、二〇一七年
江上波夫編『日本民族の源流』講談社学術文庫、一九九五年
井上秀雄『古代朝鮮』講談社学術文庫、二〇〇四年
直木孝次郎『古代国家の形成——雄略朝から継体・欽明朝へ』（直木孝次郎古代を語る6）、吉川弘文館、二〇〇九年
水野祐『日本古代王朝史論序説〔新版〕』（水野祐著作集1）早稲田大学出版部、一九九二年
篠田謙一『新版　日本人になった祖先たち——DNAが解明する多元的構造』（NHKブックス1255）、NHK出版、二〇一九年
松本清張『古代史疑　増補新版』中公文庫、二〇一七年
松本清張『邪馬台国』（清張通史①）講談社文庫、一九八六年
松本清張『空白の世紀』（清張通史②）講談社文庫、一九八六年
松本清張『カミと青銅の迷路』（清張通史③）講談社文庫、一九八七年
松本清張『天皇と豪族』（清張通史④）講談社文庫、一九八八年
松本清張『壬申の乱』（清張通史⑤）講談社文庫、一九八八年
松本清張『古代の終焉』（清張通史⑥）講談社文庫、一九八九年
田中俊明『古代の日本と加耶』（日本史リブレット70）、山川出版社、二〇〇九年

古田武彦『「邪馬台国」はなかった――解読された倭人伝の謎』ミネルヴァ書房、二〇一〇年
本間満『日本古代皇太子制度の研究』雄山閣、二〇一四年
上山春平『神々の体系』中公新書、一九七二年
倉本一宏『壬申の乱』（戦争の日本史2）、吉川弘文館、二〇〇七年
仁藤敦史『女帝の世紀――皇位継承と政争』（角川選書391）、角川学芸出版、二〇〇六年
大山誠一『天孫降臨の夢――藤原不比等のプロジェクト』（NHKブックス1146）、NHK出版、二〇〇九年
佐原真『祭りのカネ銅鐸』（歴史発掘⑧）、講談社、一九九六年
梅原猛『神々の流竄』集英社文庫、一九八五年
梅原猛『葬られた王朝――古代出雲の謎を解く』新潮文庫、二〇一二年
梅原猛『天皇家の〝ふるさと〟日向をゆく』新潮文庫、二〇〇五年
宝賀寿男『息長氏――大王を輩出した鍛冶氏族』（古代氏族の研究⑥）、青垣出版、二〇一四年
平林章仁『謎の古代豪族　葛城氏』祥伝社新書、二〇一三年
井沢元彦『逆説の日本史②古代怨霊編』小学館文庫、一九九八年
『日経サイエンス』二〇二一年八月号、「特集ヤポネシア　ゲノムから解き明かす縄文人・弥生人のルーツ」

※「主な登場人物」の表記は一般的なものにそろえました。

	出版社(単行本)	刊行年	備　考	文　庫
	(複数社)	1954～1988(発表期間)	連作集	角川文庫
	文藝春秋	1997	戯曲	
	徳間書店	1989～1991	漫画	中公文庫コミック版
	集英社	1986	ユーモア小説	集英社文庫
	角川書店	2012	漫画	角川文庫
	徳間書店	1992～1995	漫画	中公文庫コミック版
	講談社	1986	戯曲	
	KADOKAWA	2012～2018(発表期間)	漫画	角川コミックス・エース
	角川書店	1990		角川文庫
	角川書店	1994		角川文庫
	角川書店	1997	原題「東征伝」	角川文庫
	角川書店	2000	原題「孤影立つ」	角川文庫
	集英社	1976(連載期間)	漫画	集英社文庫
	講談社	2012		講談社文庫
	文藝春秋	1996		文春文庫
	光風社出版	1982	短編集	光文社時代小説文庫
	春陽堂	1924		岩波文庫
	徳間書店	1974		徳間文庫
	徳間書店	1975		徳間文庫
	祥伝社	1994		祥伝社文庫
	河出書房新社	1974		河出文庫
	実業之日本社	1991	現代ミステリー　原題サブ「地に降りた神々」	集英社文庫
	プレジデント社	1991		

■古代史小説ライブラリー（神話世界〜8世紀奈良時代）

書　名	著　者	主な登場人物（著者の創作を除く）	
火の鳥	手塚治虫	卑弥呼　サルタヒコ アメノウズメ	
オオクニヌシ	梅原 猛	オオクニヌシ　スサノオ スセリヒメ	
ナムジ——大國主（古事記巻之一）	安彦良和	オオクニヌシ　スサノオ 卑弥呼	
スサノオ自伝	芦原すなお	スサノオ　オオゲツヒメ クシナダヒメ	
水木しげるの古代出雲	水木しげる	オオクニヌシ　スクナビコナ アメノヒボコ	
神武（古事記巻之二）	安彦良和	カモタケツノミ コトシロヌシ　神武天皇	
ヤマトタケル	梅原 猛	ヤマトタケル オオウスノミコト	
ヤマトタケル	安彦良和	ヤマトタケル　景行天皇 成務天皇	
白鳥の王子　ヤマトタケル 大和の巻	黒岩重吾	ヤマトタケル オオウスノミコト　景行天皇	
白鳥の王子　ヤマトタケル 西戦の巻	黒岩重吾	ヤマトタケル　景行天皇 カワカミタケル	
白鳥の王子　ヤマトタケル 東征の巻	黒岩重吾	ヤマトタケル オトタチバナヒメ　倭姫王	
白鳥の王子　ヤマトタケル 終焉の巻	黒岩重吾	ヤマトタケル　ミヤズヒメ 景行天皇	
暗黒神話	諸星大二郎	ヤマトタケル　武内宿禰 スサノオ	
日御子	帚木蓬生	卑弥呼　難升米　壱与	
鬼道の女王　卑弥呼	黒岩重吾	卑弥呼　難升米　都市牛利	
卑弥呼狂乱	安西篤子	卑弥呼　台与	
日輪	横光利一	卑弥呼	
倭の女王・卑弥呼	豊田有恒	卑弥呼　難升米　都市牛利	
親魏倭王・卑弥呼	豊田有恒	卑弥呼　難升米　狗古智卑狗	
黄昏の女王卑弥呼 （小説日本通史　黎明〜飛鳥時代）	邦光史郎	卑弥呼　イツセ　ミケヌ	
卑弥呼	望月 義	卑弥呼	
卑弥呼伝説	井沢元彦	卑弥呼	
卑弥呼——邪馬台国英雄伝	奥野正男	卑弥呼　難升米	

	出版社(単行本)	刊行年	備　考	文　庫
	講談社	1991		講談社文庫
	PHP研究所	1996	原題サブ『小説「卑弥呼」後伝』(嘉藤徹名義)	中公文庫
	毎日新聞社	2001	現代ミステリー	角川文庫、徳間文庫
	光文社	1973	現代ミステリー	光文社文庫
		1998	短編集　現代小説	創元推理文庫
	新潮社	1999		新潮文庫
	文藝春秋	2002		文春文庫
	創英社	1991		
	日本経済新聞出版	2020		
	展望社	2000	執筆は1925年	
	新潮社	2015		
	中央公論社	1988		中公文庫
	アートヴィレッジ	2010		
	白泉社	1980〜1984(連載期間)	漫画	白泉社文庫
	廣済堂出版	2000		学研M文庫
	講談社	1993		講談社文庫
	文藝春秋	2015		文春文庫
	講談社	2010		
	日本経済新聞出版	2022		
	講談社	1996		
	光文社	1978		中公文庫
	文藝春秋	1987		文春文庫
	祥伝社	1994	原題「聖徳太子の密使」	祥伝社文庫

書　名	著　者	主な登場人物(著者の創作を除く)	
女王卑弥呼	三枝和子	卑弥呼　壱与	
倭の風	加藤 徹	台与　司馬懿	
箸墓幻想	内田康夫	卑弥呼	
邪馬台国の秘密	高木彬光	卑弥呼	
邪馬台国はどこですか？	鯨 統一郎	卑弥呼	
女龍王　神功皇后	黒岩重吾	神功皇后　武内宿禰 仲哀天皇	
ワカタケル大王	黒岩重吾	雄略天皇　昆支王　葛城円	
曙光の大王――小説　雄略天皇	倉田美恵子	雄略天皇　允恭天皇 清寧天皇	
ワカタケル	池澤夏樹	雄略天皇　ワカクサカ皇女 武内宿禰	
眉輪	野溝七生子	眉輪王　ワカクサカ皇女 雄略天皇	
影媛	高尾長良	物部影媛　平群志毘 武烈天皇	
北風に起つ	黒岩重吾	継体天皇　蘇我稲目 物部尾輿	
陽炎の飛鳥	上垣外憲一	厩戸皇子　慧慈 膳菩岐岐美郎女	
日出処の天子	山岸凉子	厩戸皇子　蘇我蝦夷 刀自古郎女	
碧玉の女帝　推古天皇	三田誠広	厩戸皇子　推古天皇 用明天皇	
磐舟の光芒――物部守屋と蘇我馬子	黒岩重吾	物部守屋　蘇我馬子 敏達天皇	
姫神	安部龍太郎	厩戸皇子　小野妹子	
天駆ける皇子	藤ノ木 陵	穴穂部皇子　宅部皇子 厩戸皇子	
和らぎの国――小説・推古天皇	天津佳之	推古天皇　竹田皇子 厩戸皇子	
歌垣の王女――小説推古女帝	豊田有恒	推古天皇　穴穂部皇子 蘇我馬子	
紅蓮の女王――小説　推古女帝	黒岩重吾	推古天皇　蘇我馬子　三輪逆	
聖徳太子――日と影の王子	黒岩重吾	厩戸皇子　蘇我馬子 推古天皇	
聖徳太子の密謀 (小説日本通史　飛鳥～平安遷都)	邦光史郎	厩戸皇子　孝謙天皇 桓武天皇	

	出版社(単行本)	刊行年	備　考	文　庫
	潮出版社	2021		
	新人物往来社	2006		角川文庫
	集英社	2018		集英社文庫
	中央公論社	1995		中公文庫
	文藝春秋	1982		文春文庫
	文藝春秋	1975	現代ミステリー	文春文庫
	文藝春秋	1994	連作集	文春文庫
	PHP研究所	2016		PHP文芸文庫
		1996		PHP文庫
	秋田書店	1994	原題『黎明の叛逆者』	角川文庫
	毎日新聞社	1969		新潮文庫
	中央公論社	1992		中公文庫
	毎日新聞出版	2022		
	中央公論社	1979		中公文庫
	講談社	1990		講談社文庫
	角川春樹事務所	2017		ハルキ文庫
	集英社	2012		集英社文庫
	福武書店	1989		福武文庫
	講談社	1983～2015 (発表期間)	漫画	講談社漫画文庫
	幻冬舎	2013		幻冬舎時代小説文庫
	廣済堂出版	1999		学研M文庫
	新潮社	2020		新潮文庫
	中央公論社	1983		中公文庫

書名	著者	主な登場人物（著者の創作を除く）
覇王の神殿——日本を造った男・蘇我馬子	伊東 潤	蘇我馬子　厩戸皇子　推古天皇
悪行の聖者　聖徳太子	篠﨑紘一	厩戸皇子　用明天皇　推古天皇
高天原——厩戸皇子の神話	周防 柳	厩戸皇子　船史龍　蘇我馬子
斑鳩王の慟哭	黒岩重吾	山背大兄王　蘇我蝦夷　舂米女王
落日の王子　蘇我入鹿	黒岩重吾	蘇我入鹿　皇極天皇　天智天皇
火の路	松本清張	斉明天皇
天智帝をめぐる七人	杉本苑子	有間皇子　持統天皇　鏡女王
白村江	荒山 徹	余豊璋　朴市秦田来津　天智天皇
小説　壬申の乱——星空の帝王	樋口茂子	大友皇子　大海人皇子　間人皇女
日本史の叛逆者——私説・壬申の乱	井沢元彦	天武天皇　天智天皇　中臣鎌足
額田女王	井上 靖	額田王　天智天皇　天武天皇
茜に燃ゆ——小説　額田王	黒岩重吾	額田王　天武天皇　天智天皇
恋ふらむ鳥は	澤田瞳子	額田王　漢皇子　中臣鎌足
天の川の太陽	黒岩重吾	天武天皇　持統天皇　天智天皇
大友の皇子東下り	豊田有恒	大友皇子　大海人皇子　耳面刀自
蘇我の娘の古事記	周防 柳	船史恵尺　道昭　中臣鎌足
朱鳥の陵	坂東眞砂子	持統天皇　高市皇子　元明天皇
飛鳥の風　持統女帝	吉田知子	持統天皇　天武天皇　藤原不比等
天上の虹——持統天皇物語	里中満智子	持統天皇　天武天皇　草壁皇子
日輪の賦	澤田瞳子	持統天皇　伊吉連博徳　葛野王
炎の女帝　持統天皇	三田誠広	持統天皇　大田皇女　遠智娘
迷宮の月	安部龍太郎	粟田真人　山上憶良　阿倍船人
天翔る白日——小説　大津皇子	黒岩重吾	大津皇子　持統天皇　草壁皇子

	出版社(単行本)	刊行年	備　考	文　庫
	文藝春秋	1989	短編集	文春文庫
	KADOKAWA	2018		角川文庫
	毎日新聞社	1985		文春文庫
	作品社	1995		(同社軽装版)
	作品社	1995		(同社軽装版)
	作品社	1995		(同社軽装版)
	中央公論新社	2016		中公文庫
	講談社	1997		講談社文庫
	中央公論社	1998		
	講談社	1992		講談社文庫
	新人物往来社	2001		
	青磁社	1943		中公文庫、 岩波文庫他
	中央公論社	1980		中公文庫
	文藝春秋	1986		文春文庫
	中央公論社	1957		新潮文庫
	集英社	2014		集英社文庫
	徳間書店	2010		徳間文庫
	新潮社	2015		新潮文庫
	文藝春秋	1960		徳間文庫
	廣済堂出版	1999		学研M文庫
	文藝春秋	1992		文春文庫
	河出書房新社	2011		

書　名	著　者	主な登場人物(著者の創作を除く)
裸足の皇女	永井路子	山辺皇女　大伴坂上郎女　石川郎女
平城京	安部龍太郎	阿倍船人　阿倍宿奈麻呂　元明天皇
美貌の女帝	永井路子	元正天皇　長屋王　藤原不比等
覇王不比等　第一部　鎌足の謎	黒須紀一郎	中臣鎌足　田辺小隅　役小角
覇王不比等　第二部　あすかの嵐	黒須紀一郎	金多遂　翹岐　郭務悰
覇王不比等　第三部　日本誕生	黒須紀一郎	藤原不比等　橘三千代　持統天皇
比ぶ者なき	馳 星周	藤原不比等　橘三千代　長屋王
天風の彩王　藤原不比等	黒岩重吾	藤原不比等　元明天皇　文武天皇
迷界流転――「長屋王の変」異聞	深谷忠記	中臣宮処東人　新田部皇子　大伴子虫
長屋王横死事件	豊田有恒	大伴子虫　長屋王　聖武天皇
橘三千代	梓澤 要	橘三千代　藤原不比等　橘諸兄
死者の書	折口信夫	大津皇子　中将姫　大伴家持
眩人	松本清張	玄昉　吉備真備　李密翳
穢土荘厳	杉本苑子	聖武天皇　光明皇后　行基
天平の甍	井上 靖	鑑真　普照　業行
緋の天空	葉室 麟	光明皇后　聖武天皇　膳夫王
孤鷹の天	澤田瞳子	孝謙天皇　淳仁天皇　藤原仲麻呂
天平の女帝　孝謙称徳	玉岡かおる	孝謙天皇　和気広虫　吉備由利
弓削道鏡	今 東光	弓削道鏡　孝謙天皇　弓削浄人
天翔ける女帝　孝謙天皇	三田誠広	孝謙天皇　弓削道鏡　行基
弓削道鏡	黒岩重吾	弓削道鏡　孝謙天皇　藤原仲麻呂
道鏡――悪業は仏道の精華なり	三田誠広	弓削道鏡　吉備真備　桓武天皇

本書は、二〇二二年五月より十一月まで小社WEBマガジン「本がひらく」https://nhkbook-hiraku.com/に連載した「小説で読み解く古代史」第1～18回に加筆し、再構成したものです。

図版作成・DTP　山田孝之
校閲　福田光一
著者写真　岩本慶三

周防 柳 すおう・やなぎ

1964年、東京都生まれ。作家。
早稲田大学第一文学部卒業。編集者・ライターを経て、
『八月の青い蝶』で第26回小説すばる新人賞、
第5回広島本大賞を受賞。
『身もこがれつつ――小倉山の百人一首』で
第28回中山義秀文学賞を受賞。
日本史を扱った他の小説に『高天原――厩戸皇子の神話』
『蘇我の娘の古事記』『逢坂の六人』『うきよの恋花　好色五人女列伝』、
現代小説に『余命二億円』『虹』『とまり木』などがある。

NHK出版新書 697

小説で読みとく古代史
神武東遷、大悪の王、最後の女帝まで

2023年3月10日　第1刷発行

著者　周防 柳
発行者　土井成紀
発行所　NHK出版
〒150-0042 東京都渋谷区宇田川町10-3
電話 (0570) 009-321（問い合わせ）(0570) 000-321（注文）
https://www.nhk-book.co.jp（ホームページ）
ブックデザイン　albireo
印刷　壮光舎印刷・近代美術
製本　二葉製本

Printed in Japan ISBN978-4-14-088697-7 C0221